INTERPRETATIONEN DEUTSCH

CHRISTA WOLF

Medea. Stimmen

Interpretiert von
Inge Bernheiden

STARK

Bildnachweis
Umschlagbild: Maria Callas in der Titelrolle von Pier Paolo Pasolinis Medea-Verfilmung von 1970: ullstein bild – KPA
S. 3: Getty Images/Ulf Andersen
S. 5: ullstein bild – ADN-Bildarchiv
S. 11: bpk/Antikensammlung SMB
S. 26, 93: picture-alliance/dpa
S. 38: ullstein bild – Kindermann
S. 47: Getty Images/Spencer Arnold
S. 67: bpk/Alfredo Dagli Orti
S. 73: bpk
S. 84: © Matthias Kolodziej

ISBN 978-3-86668-008-1

www.stark-verlag.de
1. Auflage 2008

Inhalt

Autorin: Dr. Inge Bernheiden

Vorwort

Liebe Schülerin, lieber Schüler,

vermutlich haben Sie sich selbst nicht für den Roman *Medea. Stimmen* von Christa Wolf entschieden, sondern der Deutschlehrer oder die Deutschlehrerin hat diese Auswahl getroffen. Sie werden sich sicherlich fragen, was Sie einer Geschichte, die über 2 000 Jahre alt ist, heute noch abgewinnen können. Dieses kleine Buch will Ihnen einen Einblick in einen uralten Stoff verschaffen und Ihnen zugleich die frappierende Modernität der Bearbeitung von Christa Wolf aufzeigen.

Die Interpretationshilfe beginnt mit einer allgemeinen Einführung in den Medea-Stoff, dem sich der Lebenslauf von Christa Wolf und ein kurzes Kapitel über die Entstehungsgeschichte des Romans anschließen.

Da es sich bei dem Medea-Mythos um einen recht komplexen Stoff handelt, wird zum besseren Verständnis eine Zusammenfassung der Geschichte vom Goldenen Vlies aus der „Argonautensage" der eigentlichen Inhaltsangabe des Romans von Christa Wolf vorangestellt. Eine sehr ausführliche Textanalyse mit Hinweisen, Skizzen und Erläuterungen bildet das Kernstück der Interpretationshilfe. Beispielhaft werden anschließend drei wesentliche Schlüsselstellen interpretiert, an denen insbesondere auch der Aspekt der Modernität von Wolfs Medea-Adaption erneut deutlich wird. Ein kurzer Bericht über die Wirkungsgeschichte des Buches sowie das Literaturverzeichnis, das auf die Bedürfnisse der Schülerinnen und Schüler abgestimmt ist, runden diese Untersuchung ab.

Dr. Inge Bernheiden

Einführung

Bei einer Umfrage, was Menschen mit dem Namen „Medea" verbinden, würde die Antwort wohl in der Regel lauten: „Ist das nicht die Frau, die ihre Kinder ermordet hat?" Der Kindsmord und Medea, so scheint es, gehören untrennbar zusammen. Auch noch im 21. Jahrhundert gilt die Tötung von Kindern durch die eigene Mutter als ein besonders grausames Verbrechen, das in erhöhtem Maße die Aufmerksamkeit der Medien auf sich zieht.

Doch was die meisten Menschen nicht wissen: **In den ursprünglichen Überlieferungen des Mythos ist Medea keine Mörderin**. Dort wird die Königstochter als diejenige dargestellt, die Jason aus Liebe mit ihren Zauberkünsten zum „Goldenen Vlies" verholfen hat und dann mit ihm geflohen ist. Standen hierbei zunächst die großen Heldentaten des Jason im Mittelpunkt, so änderte sich dies mit Euripides. Er war es, der im 5. Jahrhundert v. Chr. in seiner Tragödie eine Medea konzipierte, die sich aus enttäuschter Liebe mit der Tötung der eigenen Kinder grausam an ihrem Mann rächt. Seitdem verwandelte sich das ursprüngliche Heldenepos in ein Ehedrama, die Taten rückten zugunsten der Figuren, die vielschichtiger und psychologischer wurden, in den Hintergrund.

Es existieren über 200 Bearbeitungen in epischer, lyrischer und dramatischer Form von der Geschichte um Jason und Medea. Zumeist sind sie, bedingt durch die historische Soziogenese, von männlichen Schriftstellern verfasst worden. Im letzten Jahrhundert setzten sich allerdings verstärkt Frauen mit diesem Stoff auseinander und es verwundert dabei nicht, dass sie, zumeist selbst Mütter, im Zuge der Gleichstellung der Geschlechter eine derart brutale Darstellung der Medea hinterfragten.

An diesem Punkt setzt auch Christa Wolf an und recherchiert, warum sich gerade das Bild der sehr grausamen Mutter erhalten hat, obgleich ausreichend andere Quellen bekannt gewesen sind. Wer, so ihre Überlegungen, hat ein Interesse daran gehabt, gerade diese Darstellung der Medea zu tradieren? Welche politischen Systeme haben ein solches Medea-Bild gefördert? Warum hat niemand eine solche Ansicht korrigiert oder Mitleid mit dieser Frau gehabt? Das führt Christa Wolf – neben dem Freispruch ihrer Medea – letztlich zu der Überzeugung, dass der Stoff aus der antiken Mythologie auch als Spiegel für eine moderne Gesellschaft dienen kann.

Es ist beeindruckend zu sehen, wie die Autorin den alten Mythos nutzt, um politische Strukturen und Deformationen des heutigen Miteinanders aufzuzeigen und sie in das Bewusstsein der Menschen zu rücken. Der Vorwurf, es handle sich dabei um „feministische“ Literatur, übersieht, dass Christa Wolf ein weit höheres Ziel im Blick hat, nämlich ein prinzipiell humaneres Zusammenleben der Menschen in einem Staat.

Biografie und Entstehungsgeschichte

1 Biografie

Christa Wolf (geb. Ihlenfeld)[1] wurde am 18. März 1929 in Landsberg an der Warthe (heute polnisch) geboren. Gegen Ende des Zweiten Weltkrieges floh die Familie nach Mecklenburg. Christa Wolf besuchte zunächst die Oberschule in Schwerin und beendete ihre Schullaufbahn 1949 in Bad Frankenhausen mit dem Abitur. Im selben Jahr trat sie in die SED, die Sozialistische Einheitspartei der am 7. Oktober 1949 gegründeten DDR, ein. In Jena und später in Leipzig studierte Christa Wolf bis 1953 Germanistik. Anschließend zog sie mit ihrem Mann Gerhard, den sie 1951 geheiratet hatte, nach Berlin. Hier arbeitete sie als wissenschaftliche Mitarbeiterin beim Schriftstellerverband (bis 1955) und avancierte 1956 bereits zur Cheflektorin des Verlages „Neues Leben". Von 1958 bis 1959 war Christa Wolf als Redakteurin bei der Zeitschrift *Neue Deutsche Literatur* beschäftigt und unternahm in dieser Eigenschaft mit diversen Delegationen Reisen nach Moskau. 1959 zog sie mit ihrem Mann und den 1951 und 1956 geborenen Töchtern nach Halle an der Saale, um die Realität der Arbeitswelt kennenzulernen. Sie wurde Mitglied einer Brigade im VEB Waggonbau Ammendorf und leitete zugleich, zusammen mit ihrem Mann, einen Schreibzirkel für Arbeiter.

Christa Wolf reagierte damit auf eine allgemeine öffentliche Aufforderung der Partei. Bereits einige Jahre nach der Gründung der DDR hatte die Parteiführung erkannt, dass ihre damaligen Vorgaben an die Schriftsteller und Schriftstellerinnen, vom Sozialismus durchdrungene realistische und zugleich positiv endende Texte zu schreiben, in eine Sackgasse geraten waren. Aus diesem Grund fand 1959 die erste sogenannte „Bitterfelder Konferenz“[2] statt, auf der die Arbeiter ermuntert wurden, „zur Feder“[3] zu greifen, und im Gegenzug die Schriftsteller dazu angehalten wurden, zum Studium der realen Welt in die volkseigenen Betriebe zu gehen. Christa Wolf verarbeitete die in der Waggonfabrik gemachten Erfahrungen in ihrem 1963 erschienenen Roman *Der geteilte Himmel.* Er behandelt die Teilung Deutschlands und die bewusste Entscheidung der jungen Heldin Rita Seidel, in der DDR zu bleiben. Für dieses Werk erhielt Christa Wolf den Heinrich-Mann-Preis der Akademie der Künste der DDR. Darüber hinaus wurde sie mit diesem Text auch in der BRD bekannt.

Zwei Jahre zuvor, 1961, hatte sie ihr erstes Werk *Moskauer Novelle* publizieren können, einen Text, der nie im Westen veröffentlicht und erst später in ihre Werkausgabe aufgenommen wurde.[4]

1962 war die Familie nach Kleinmachnow in der Nähe von Berlin umgezogen. In dem Bewusstsein, aktiv an Änderungen in der DDR mitwirken zu können, war Wolf von 1963 bis 1967 Kandidatin des ZK, des Zentralkomitees der SED. Mit einer spontanen Rede, in der sie 1965 auf dem 11. Plenum des ZK der SED die Kollegen und Kolleginnen gegen den Vorwurf, im Schriftstellerverband gebe es eine Art „konterrevolutionäre Gruppe“[5], vor den Funktionären energisch verteidigte, erregte sie heftiges Aufsehen. Ihre politische Karriere war mit dieser mutigen Stellungnahme beendet; Christa Wolf geriet in der Folge mehrfach in Konflikt mit dem SED-Machtapparat.

Ein 1967 entstandenes gemeinsames Filmprojekt des Paares Wolf, *Fräulein Schmetterling*, eine moderne, märchenhafte Inszenierung über die Träume des Glücks der jungen Helene Raupe, wurde verboten. Während die Erzählung *Juninachmittag* (1967) ungehindert die inoffizielle Zensur passierte, sollte der Roman *Nachdenken über Christa T.* zunächst nicht erscheinen. Die Schriftstellerin war „zu keinem anderen Zugeständnis bereit, als dem, ein weiteres (das 19.) Kapitel zu schreiben“[6]. Nachdem der Text zusätzlich im Mai 1969 auf dem Plenum des Schriftstellerkongresses scharf kritisiert worden war, konnte der Roman in einer kleinen Auflage ausgeliefert werden. Gerade mit diesem Buch, das bereits 1969 in der BRD ediert worden war, gelang Christa Wolf auch außerhalb der DDR der Durchbruch als Schriftstellerin. Im Zentrum des Textes steht die Figur Christa T., eine junge Frau, die an Leukämie stirbt. Sie hinterlässt Aufzeichnungen, welche zeigen, dass sie sich nie richtig in den Alltag ihrer, das meint hier sozialistischen, Gesellschaft hat integrieren können. Nicht zuletzt aufgrund des Erfolges im Ausland erschien 1972 eine zweite Auflage des Buches in der DDR, zurückdatiert auf 1968, und machte dort das Werk für die breite Masse überhaupt erst zugänglich; es wurde ein Bestseller. In den folgenden Jahren durfte die nun erfolgreiche Schriftstellerin viele Lesereisen unternehmen, unter anderem nach Westdeutschland, Paris oder auch Stockholm.

Christa Wolf bei der Verleihung des Heinrich-Mann-Preises 1963

Nach diesem stark die Individualität und weniger das Kollektive betonenden Buch veröffentlichte Christa Wolf im Jahre 1976 den Text *Kindheitsmuster*, einen autobiografisch gefärbten Roman, der noch einmal sehr anschaulich die bewusste Entscheidung der Protagonistin für die Ostzone schildert.

Die seit 1965 (Wolfs Rede auf dem Plenum des ZK) zunehmend kritische Sicht der Autorin auf die praktische Umsetzung des Sozialismus in der DDR fand im Jahre 1976, in dem die Familie nach Berlin umzog, einen Höhepunkt, als der beliebte DDR-Schriftsteller und Sänger Wolf Biermann ausgebürgert wurde. Mit vielen anderen Intellektuellen beteiligte sich Christa Wolf an einem öffentlichen Protestschreiben, wurde von der Partei „diszipliniert“ und schied daraufhin im folgenden Jahr (1977) aus dem Vorstand der Sektion der Berliner Schriftsteller aus.

All diese Erfahrungen sowie die Teilnahme an einem Seminar „Weibliches Schreiben“ im Jahre 1977 in Graz trugen zu einer allmählichen Veränderung des Schreibstils von Christa Wolf bei. Die Schriftstellerin siedelt von nun an ihre Texte in der Vergangenheit an und problematisiert, den geschichtlichen Hintergrund als Schablone nutzend, aktuelle gesellschaftliche und soziale Gegebenheiten, die sich in vielem als ein Spiegelbild der alten Zeiten erweisen. Einer der ersten Texte dieser Art war *Kein Ort. Nirgends* (1979), eine Erzählung über das fiktive Treffen zwischen den Dichtern Karoline von Günderrode und Heinrich von Kleist. Mit diesem Werk erwarb sich Christa Wolf endgültig über die Grenzen der DDR hinaus den Ruf einer renommierten Schriftstellerin. Sie erhielt 1980 den bedeutendsten deutschen Literaturpreis, den Georg-Büchner-Preis. 1981 wurde Wolf in Westberlin in die Akademie der Künste aufgenommen. 1983 erschien die überaus erfolgreiche Erzählung *Kassandra*, wobei es sich erneut um einen historischen, gar antiken Stoff handelt. Doch im Kern beschäftigt sich die Autorin in diesem Text mit der damals aktuellen Friedensdiskussion um den „Nato-Doppelbeschluss“ sowie mit der Geschlechterproblematik. Noch im selben Jahr (1983) wurden die *Voraussetzungen einer Erzählung: Kassandra* in der Reihe der angesehenen „Frankfurter Poetikvorlesungen" nachgereicht. Ebenfalls im Jahre 1983 erhielt die Schriftstellerin neben anderen bedeutenden Preisen die Ehrendoktorwürde der Ohio-State-University, 1984 erfolgte die Mitgliedschaft in der „Europäischen Akademie der Künste" und 1985 verlieh die Universität Hamburg der Autorin die Ehrendoktorwürde. Weitere erfolgreiche Lesereisen in das gesamte Ausland durften unternommen werden.

Als Reaktion auf den Unfall im Kernkraftwerk Tschernobyl/ Ukraine (1986) verfasste Christa Wolf 1987 den Text *Störfall. Nachrichten eines Tages.* Das darauffolgende Buch *Sommerstück*, Erinnerungen an die Siebzigerjahre der DDR, erschien 1989, dem historischen Jahr der „Wende". Im Juni desselben Jahres trat die Autorin aus der Einheitspartei der SED aus. Nachdem die Unruhen in der Bevölkerung und die friedlichen Proteste gegen die restriktive innen- und außenpolitische Regierungsform der DDR immer größer geworden waren, kam es in Ost-Berlin zu brutalen Übergriffen der Sicherheitskräfte auf Demonstranten. In dem sich daraufhin bildenden Untersuchungsausschuss saß auch Christa Wolf. Im Zuge der politischen „Umorientierung" nach der „Wende" setzte sie sich mit anderen Gleichgesinnten ihres Landes nachdrücklich dafür ein, die ehemalige DDR nicht nahtlos in die bestehende Bundesrepublik einzugliedern. Neben anderen Intellektuellen hielt auch Wolf auf dem Berliner Alexanderplatz sowie im Radio und Fernsehen Ansprachen und richtete Aufrufe an die Bevölkerung der DDR, so zum Beispiel den historischen „Aufruf für unser Land" am 26. November 1989.[7]

Im Jahre 1990 erschien ihr Text *Was bleibt*, ein Werk, an dem Christa Wolf bereits 1979 gearbeitet hatte und in dem sie eine Schriftstellerin porträtiert, die ständig unter Beobachtung der Sicherheitssysteme steht. Besonders vonseiten der westdeutschen Literaturkritik kam es daraufhin zu heftigen Angriffen, setzten die Kritiker die Hauptfigur kurzerhand mit Christa Wolf gleich und prangerten ihr Verhalten als anmaßend an.

Das Ausland dagegen solidarisierte sich vielfach mit der Schriftstellerin und zeigte dies mit entsprechenden Ehrungen. So wurde Christa Wolf die Ehrendoktorwürde der Universität Brüssel verliehen, der Orden „Officier des arts et des lettres" in Paris sowie der Premio Mendello in Palermo. Außerdem wurde sie „Foreign Honorary Member of the American Academy of Arts and Letters" in New York. Christa Wolf selbst verließ aufgrund der heftigen innerdeutschen Angriffe vorübergehend ihr Land und folgte für die Zeit von 1992 bis 1993 einer Einladung nach Amerika als Scholar am Getty Center in Santa Monica.

Als schließlich im Jahre 1993 bekannt wurde, dass die Schriftstellerin von März 1959 bis Oktober 1962 als „Informelle Mitarbeiterin" (IM) des Staatssicherheitsdienstes der DDR gearbeitet hatte, kam es zu regelrechten Rufmord- und Hetzkampagnen gegen Christa Wolf. Als Folge dieser heftigen Reaktionen und Proteste der Presse schied Wolf noch im selben Jahr aus der Akademie der Künste aus, trat allerdings 1994 wieder ein. Die Autorin bekannte sich zu den IM-Vorwürfen, ließ allerdings noch 1993 unter dem Namen *Akteneinsicht Christa Wolf* ihre Stasi-Akten veröffentlichen, um der Öffentlichkeit Gelegenheit zu geben, ein gerechtes Urteil über sie zu fällen. Bereits während des Studiums ihrer Gesamtakten (1992) hatte sie erkannt, dass sie selbst von 1969 bis 1989 von der Staatssicherheit überwacht worden war, was eine 42 Bände umfassende Sammlung dokumentiert.

Als erster neuer Prosatext nach den Enthüllungen und Anfeindungen erschien nach längerer Pause **1996 der Roman „Medea. Stimmen"**, der im seit mehreren Jahren wiedervereinigten Deutschland ebenfalls äußerst kontrovers diskutiert wurde (vgl. dazu die Wirkungsgeschichte, S. 91).

In den folgenden Jahren gab Wolf die Schriften *Hierzulande Andernorts* (1999), die Erzählung *Leibhaftig* (2002), in der die

Autorin erneut den Zusammenbruch der DDR reflektiert, und 2003 das Werk *Ein Tag im Jahr 1960–2000* (sie beschreibt tagebuchartig jeweils den 27. September der Jahre) heraus. 2005 erschien die Erzählsammlung *Mit anderem Blick* und 2006 ein Band mit Essays und Reden (*Der Worte Adernetz*). 2010 folgte der autobiografisch geprägte Roman *Stadt der Engel*, in dem die Autorin ihre Lebenssituation zur Zeit der Stasi-Vorwürfe verarbeitet. Christa Wolf **starb am 1. Dezember 2011** in Berlin. Posthum (2012) erschien die Erzählung *August*, die Erinnerungen des Busfahrers August an die Kriegs- und Nachkriegszeit.

2 Entstehungsgeschichte

Obgleich Christa Wolf nach der Erzählung *Kassandra* (1983) nach eigener Darstellung nicht noch einmal derart weit in die Vergangenheit zurückgehen wollte, beschäftigte sie sich bereits seit 1990/91[8] mit dem antiken Medea-Mythos. Die ersten (veröffentlichten) Tagebuchaufzeichnungen dazu finden sich im Juli 1991. Christa Wolf wurde bei dem neuen Buch zunächst von der Frage angetrieben, warum eine Mutter, dazu noch eine Priesterin, ihre eigenen Kinder umbringen sollte, wurde doch gerade die Frau in der Antike in besonderer Weise als „Lebensspenderin“ verehrt. Wolf las sich in die Forschungen über die Zeit und insbesondere über Medea ein und fand durch Zufall Kontakt zu der Medea-Expertin Margot Schmidt.[9] Diese ließ der Autorin entsprechendes Material zukommen, das eindeutig belegt, dass es vor Euripides Versionen des Medea-Mythos gegeben hat, in denen Medea ihre Kinder nicht tötet. In den weiteren Jahren korrespondierte Christa Wolf ständig mit anderen Forschern und Forscherinnen, um tiefer in die Materie einzudringen. So wurde es dank der neuen wissenschaftlichen Ergebnisse möglich, den aus heutiger Sicht brutalen Brudermord, der auch Teil des Mythos ist, als rituellen Mord[10] zu verstehen.

Bezüglich der geeigneten Erzählform schwankte die Schriftstellerin lange Zeit zwischen der Aufbereitung des Stoffes mit „verschiedenen Varianten“[11] oder der Schilderung aus der Perspektive einer jungen Kolcherin. Christa Wolf wurde bei ihrer Auseinandersetzung mit dem Thema mehr und mehr bewusst, dass es sich bei dem vorrangig von Männern bearbeiteten Stoff nicht nur um eine „rasende“ Frau handelte, sondern indirekt um die Darstellung der Funktionsweisen eines patriarchalischen Herrschaftssystems, das stets aufs Neue „Menschenopfer“ gefordert hat und auch heute noch fordert.[12] Um dieses Problem pointiert herausarbeiten zu können, bot sich erneut eine Frau, hier Medea, an:

> *Immer dann werden Sie bei mir eine Frau im Zentrum eines Prosatextes finden, wenn die Konflikte, die ich bearbeite, sich an Frauen am schärfsten zeigen.*[13]

Insofern betrachtet Christa Wolf den Medea-Text, ähnlich wie bei der Erzählung *Kassandra*, erneut als „Modell“, das geeignet ist, mit Hilfe alter Muster aktuelle Verhaltensweisen zu verstehen:

> *In diesem Sinne, als Modell, das offen genug ist, um eigene Erfahrung aus der Gegenwart aufzunehmen, das einen Abstand ermöglicht, den sonst oft nur die Zeit bringt, dessen Erzählungen fast märchenhaft, sehr reizvoll und doch so wirklichkeitsgesättigt sind, daß wir Heutige uns in den Verhaltensweisen seiner handelnden Personen erkennen können – in diesem Sinne scheint mir der Mythos brauchbar zu sein für den heutigen Erzähler, die heutige Erzählerin. Er kann uns helfen, uns in unserer Zeit neu zu sehen, er hebt Züge hervor, die wir nicht bemerken wollen, und enthebt uns der Alltagstrivialität. Er erzwingt auf besondere Weise die Frage nach dem Humanum, um die es ja, glaube ich, bei allem Erzählen geht.*[14]

Nach einem Vorabdruck in der Zeitung erschien der Roman *Medea. Stimmen* 1996 als Buch.

Inhaltsangabe

Zur besseren Einführung in den komplexen Gesamtzusammenhang wird der eigentlichen Inhaltsangabe des Romans eine Zusammenfassung der uns heute bekanntesten Nacherzählung des Medea-Mythos vorausgeschickt. Es handelt sich hierbei um **Gustav Schwabs** *Sagen des klassischen Altertums.* Die Geschichte von Medea und Jason ist Teil der sogenannten „Argonautensage", die Schwab mit der *Argonautika* des *Apollonius Rhodios* aus dem 3. Jahrhundert v. Chr. vorlag.[15]

Ausschnitt aus dem Relief des sogenannten römischen Medea-Sarkophags: Glauke verbrennt in dem von Medea vergifteten Gewand, Medea tötet ihre Kinder und flieht in einem Schlangenwagen. (Antikensammlung Berlin)

1 Exkurs: Die Argonautensage nach Schwab

Kretheus hat im Land Thessalien das Königreich Jolkos gegründet und es seinem Sohn Aison vererbt. Doch dessen Bruder Pelias bemächtigt sich des Thrones, Aison stirbt und sein Sohn Jason wird zum Schutz in die Wälder zum Zentauren Chiron gebracht. (In anderen Varianten bleibt Aison am Leben und überlässt, ebenfalls aus Angst, seinen kleinen Sohn Jason Chiron.) Als junger Mann kommt Jason zurück und erhebt Anspruch auf den Thron, was Pelias durch eine List verhindern will, indem er seinem Neffen eine unmögliche Aufgabe stellt, die dieser lösen muss. **Jason** soll das **„Goldene Vlies"** aus **Kolchis** holen. Bei dem Vlies handelt es sich um ein in der ganzen Welt als großer Schatz angesehenes goldglänzendes, sprechendes und fliegendes Widderfell, mit dem einst die Kinder Phrixos und Helle vor ihrer bösen Stiefmutter in Sicherheit gebracht worden sind. Helle ist damals ins Wasser gefallen und gestorben, während Phrixos auf dem fliegenden Fell unversehrt nach Kolchis gelangt ist.

Jason, der weiß, dass seine Aufgabe so gut wie unlösbar ist, schart die tapfersten Männer um sich und segelt mit dem eigens für diese Reise gebauten **Schiff „Argo"** nach Kolchis. Dort angekommen, **verliebt sich** die schöne und zauberkundige Königstochter **Medea sofort in Jason** und verhilft ihm verbotenerweise zu dem von Drachen bewachten Vlies. Dann flüchten beide, wobei Medeas Bruder Absyrtos, der sie mit dem Schiff verfolgt, getötet wird. (In anderen Versionen wird der Bruder Absyrtos zusätzlich zerstückelt und Medea schleudert seine Gebeine der verfolgenden kolchischen Flotte zur Abschreckung entgegen.)

Wieder in seiner Heimat Jolkos angekommen, gelangt Jason nicht zum Thron, da der Sohn des Pelias bereits die Herrschaft übernommen hat. (In anderen Varianten verjüngt Medea Jasons Vater, der noch lebt, mit einem Zaubertrank, während sie diesen Trunk dem Thronräuber Pelias entweder verweigert oder ihn vergiftet.) **Jason und Medea fliehen nach Korinth**, wo sie von **König Kreon** aufgenommen werden. Das Paar hat drei Söhne, ein Zwillingspaar und ein wesentlich jüngeres Kind.

Jahre später **verstößt Jason Medea**, weil deren Schönheit nachgelassen hat und er die **Königstochter Glauke** (in anderen Fassungen Kreusa) heiraten will. Kreon, der Medeas Zauberkünste fürchtet, verbannt sie aus der Stadt, was dem sicheren Tod gleichkommt. **Medea** ist **rasend vor Eifersucht und Hass**, heuchelt aber Freundschaft, und schenkt, bevor sie die Stadt verlässt, Glauke ein vergiftetes Gewand. Als diese das Kleid anzieht, geht es in Flammen auf und die Braut stirbt. Kreon kommt bei dem Versuch, seine Tochter zu retten, ebenfalls ums Leben.

Um sich vollends an Jason zu rächen, **tötet Medea anschließend ihre eigenen Kinder** und entkommt.

2 Inhalt von Christa Wolfs „Medea. Stimmen"

Die nachfolgende Inhaltsangabe orientiert sich an der Kapiteleinteilung des Textes.

Christa Wolf weist mehrfach (im Titel, im Personenverzeichnis sowie im Vorwort) ausdrücklich darauf hin, dass im Roman „**Stimmen**" sprechen, also verschiedene Erzähler zu Wort kommen; zugleich scheint es sich um akustische Wahrnehmungen zu handeln, die alle vergangenen Jahrtausende und Zeitalter – bis hin in unsere heutige Zeit – durchdringen (vgl. S. 9).

1. Kapitel: Medea (S. 13–37)

Medea liegt im Fieber, nachdem sie am Tag zuvor an einem Fest des Königs Kreon von Korinth teilgenommen hat, und wird von ihrer Ziehschwester Lyssa gepflegt. In einem Wahntraum redet sie mit ihrer in Kolchis lebenden Mutter und vertraut ihr ihre Sorgen sowie ein Geheimnis an.

Zum letzten Mal habe sie gestern ihren Mann Jason, auf dessen ausdrückliche Bitte hin, zum Bankett des Königs begleitet. Medea und Jason haben sich in den Jahren ihrer Ehe auseinandergelebt. Darüber hinaus darf Medea seit geraumer Zeit mit ihren zwei halbwüchsigen Söhnen nicht mehr im Palast wohnen, sondern haust in einer kleinen Lehmhütte („Vogelnest") am Rande des Regierungssitzes. Jason selbst darf im Palast bleiben und hat für sich einen Umzug nie in Erwägung gezogen.

Auf der Feier am Vortag hat Kreon Medea, obgleich Tochter des Königs Aietes von Kolchis, an das unterste Ende der Festtafel zwischen Leukon, seinen zweiten Hofastronom, und Telamon, einen ehemaligen Argonauten, gesetzt, um sie zu demütigen. Während sich die drei dennoch angeregt unterhalten und Jason deshalb zunehmend eifersüchtig wird, sieht Medea, wie Königin Merope, die Frau Kreons, das Fest ohne ein Wort verlässt, hinter einem Vorhang verschwindet und nicht zurückkehrt. Spontan folgt sie ihr in immer tiefere, unbeleuchtete Gänge, wo sie Merope bei einem Kinderskelett wiederfindet. Aufgrund der Trauer der Königin ist Medea sofort klar, dass es sich hierbei um die Überreste der unter unklaren Umständen verschwundenen Königstocher Iphinoe handeln muss. Ihr wird zum einen bewusst, dass sie hiermit ein Staatsgeheimnis entdeckt hat, und zum anderen, dass der Staat Korinth, ebenso wie ihre Heimat Kolchis, auf ein Gewaltverbrechen gegründet ist. Medea ist sich darüber im Klaren, dass sie, will sie nicht sterben, ihr Wissen für sich behalten muss.

Völlig aufgelöst verlässt sie die unterirdischen Gänge und begibt sich nach Hause. Hier wartet bereits, rasend vor Eifersucht, Jason auf sie, um mit ihr zu schlafen. Medea erinnert sich während dieser Situation daran, wie sie Jason kennengelernt hat, wie er mit den Argonauten in Kolchis gelandet ist und Medea, als er den Weg zum Königshaus gesucht hat, bei ihrer Priesterinnentätigkeit erblickt hat. Keineswegs aus Liebe zu Jason habe sie dem Argonauten zum „Goldenen Vließ“ (Wolf benutzt stets diese Schreibweise) verholfen und Kolchis verlassen. Vielmehr sei sie wegen der Machtgier des Vaters und des durch ihn initiierten Mordes an ihrem Bruder Absyrtos aus der Heimat geflohen. Später auf dem Schiff, während ihrer Flucht, habe sie sich dann in Jason verliebt. In diesem Zusammenhang erinnert sich Medea an die Verabschiedung von ihrer Mutter unmittelbar vor ihrem Scheiden aus Kolchis. Sie kann nicht vergessen, dass der letzte Blick der Mutter das Wort „Schuld“ gemeint hat.

In Gedanken Kolchis und Korinth miteinander vergleichend, stellt Medea für sich selbst erneut ungläubig fest, dass man in Korinth den Wert des Menschen tatsächlich nach seinem Goldbesitz bemisst, ein Gedanke, der für Kolcher völlig abwegig ist.

2. Kapitel: Jason (S. 41–66)

Jason ist durch Medeas eigensinniges und oppositionelles Verhalten bei König Kreon in Misskredit geraten. Das Auftreten seiner Frau empfindet er selbst, wie andere auch, als aufreizend, hochmütig und provozierend, besonders, wenn sie öffentlich die Rituale und Heilmethoden der Korinther kurzerhand als Unsinn, als „faulen Zauber“ (S. 61) abtut. Unlängst hat Akamas, der erste Hofastronom und nach dem König der wichtigste Mann im Staate, Jason scheinbar völlig unvermittelt auf das lange zurückliegende und beinah vergessene Gerücht, Medea habe damals in Kolchis ihren Bruder ermordet, angesprochen.

Akamas’ Verdächtigung weckt bei Jason Erinnerungen an seine Argonautenfahrt und daran, wie er nach Betreten des fremden Landes als erstes Medea erblickt hat und von ihrem Äußeren sowie ihrer ungezwungenen Art bezaubert gewesen ist. Auch ihre Priesterinnentätigkeit hat ihn damals sofort für sie eingenommen. Zudem weiß er um Medeas Aura, ihre Zauberkunst sowie ihr großes Wissen in der Heilkunde. So ist sie es gewesen, die, als Jahre später in Korinth die Hungersnot geherrscht hat, erst ihn, dann die Korinther durch die Zubereitung von Waldpflanzen und Pferdefleisch vor dem Hungertod bewahrt hat.

Jasons Gedanken schweifen noch einmal zum längst hinter sich geglaubten Kolchis, er erinnert sich an die vielen fremden Sitten und Gebräuche, daran, dass das Land einen „barbarischen" Eindruck auf ihn gemacht hatte. Auch nach all den Jahren ist ihm noch klar, dass er ohne Medeas Hilfe niemals das Vließ bekommen hätte. Als Gegenleistung für ihre großzügige Hilfe hat er der Königstochter damals, am Tag nach dem Tode ihres Bruders, zugesichert, sie auf seinem Schiff „Argo" mitzunehmen.

Erstaunt rekapituliert Jason zu diesem Zeitpunkt, wie sich seine Heldentaten im Laufe der Jahre in den Erzählungen der Menschen – je nach deren Absicht – verändert und vergrößert haben.

3. Kapitel: Agameda (S. 69–88)

Agameda ist eine Weggefährtin Medeas aus Kolchis. Sie triumphiert, weil sie Medea erfolgreich bei dem ranghohen und bedeutenden Akamas denunziert hat. Der Grund für diese unlautere Tat ist eine lange zurückliegende Kränkung durch Medea. Diese hat, als Agamedas Mutter, eine ihrer Freundinnen, gestorben ist, das Mädchen zu sich in die Ausbildung genommen. Um nicht in den Verdacht zu geraten, sie bevorzuge das Mädchen, habe Medea sich von Agameda, obwohl sie deren begabteste Schülerin gewesen sei, ferngehalten. Diese Zurücksetzung hat Agameda ihr nie verziehen und langsam hat sich ihre Liebe zu Medea in Hass verwandelt. Anders als ihre Landsleute hat sich Agameda den Sitten des Asyllandes Korinth schnell angepasst und belächelt mittlerweile das ärmliche Heimatland.

Agamedas Plan zur Vernichtung Medeas ist gut durchdacht. Zufällig hat sie gesehen, wie Medea der Königin Merope beim Fest hinter den Vorhang gefolgt ist und damit ein Tabu gebrochen hat. Agameda weiß außerdem von den immer stärker werdenden Differenzen zwischen Akamas und Medea. Indem sie dem Hofastronom ihre Beobachtung mitteilt, liefert Agameda ihm einen letzten Grund, die unangenehme, da eigenwillige und rebellische Königstochter zu Fall zu bringen. Die Idee, das fast vergessene Gerücht vom Brudermord wieder zum Leben zu erwecken, stammt allerdings nicht von Agameda, sondern von Presbon – wie Agameda ein Landsmann Medeas, der um jeden Preis in Korinth aufsteigen will. Agameda und Presbon verbünden sich und bieten Akamas geschickt die Unterstellung des Brudermordes als Angriffspunkt an, um so von den eigentlichen Problemen, der Aufdeckung des Mordes an Iphinoe, abzulenken.

Durch ihr kühnes Verhalten, das die Männer bewundern, gelingt es der berechnenden Agameda, sowohl mit Presbon als auch mit Akamas ein sexuelles Verhältnis einzugehen.

Das Gerücht des Brudermordes ist zum Zeitpunkt von Agamedas Monolog bereits erfolgreich in Umlauf, denn Medea hat ihre ehemalige Schülerin diesbezüglich auf der Straße zur Rede gestellt. Agameda weidet sich noch lange danach daran, ihrer einstigen Meisterin einen herben Schlag versetzt zu haben, indem sie ihr geantwortet habe, dass eine Schwester den Bruder auf verschiedene Weise auf dem Gewissen haben könne, worauf Medea vor Schreck erbleicht sei.

4. Kapitel: Medea (S. 91–106)

Medea, die nun Gewissheit darüber hat, wie das Gerücht des Brudermordes zustande gekommen ist, hält in Gedanken Zwiesprache mit dem toten Bruder Absyrtos. Sie rollt noch einmal die Ereignisse auf, die zu seiner Ermordung geführt haben: Der Vater Aietes hatte seine Regentschaft über die Jahre immer strikter und herrschsüchtiger ausgeübt und sein Amt nicht abgeben wollen, sodass die Unzufriedenheit in Kolchis immer größer geworden war. Mehrfach hatte man an ihn appelliert, sich an die alten Sitten zu erinnern, nach denen ein Herrscher höchstens zweimal sieben Jahre amtieren darf.

Die Opposition, die sich verbotenerweise im Tempel traf, bemerkte nicht die List des gerissenen Vaters, als dieser das Amt scheinbar für einen Tag an den Sohn abgab. Noch in derselben Nacht richteten „alte Weiber" Absyrtos brutal hin, zerstückelten seinen Körper und verstreuten seine Gebeine auf den Äckern. Durch diesen grausamen Mord verlor Medea den Glauben an ihre Götter. Sie sammelte die Knochen in ein Stoffbündel und bat den Fremden, Jason, nachdem sie ihm mit ihren Zauberkräften zum Vließ verholfen hatte, sie mitzunehmen, denn in Kolchis wollte sie nicht mehr leben. Als die kolchische Flotte Jasons Schiff verfolgte, warf sie, um die Aufholenden zu stoppen, die Gebeine des Bruders den Schiffen entgegen in das Meer.

Um ihr Verhalten zu sühnen, haben die Argonauten damals eine Insel angesteuert, auf der Medeas Tante Kirke wohnt. Diese Frau ist wie Medea eine Heilerin und Zauberin und hat vor langer Zeit die Heimat Kolchis verlassen müssen, weil sie ebenfalls in Konflikt mit König Aietes geraten war.

Sich aus dem gedanklichen Zwiegespräch mit Absyrtos wieder der Realität zuwendend, zieht Medea erbittert und fassungslos die traurige Bilanz, dass sowohl Kolchis als auch Korinth auf Menschenopfer gegründet sind. Sie unterhält sich auch einmal mit Jason darüber und berichtet ihm von ihren heimlichen Treffen mit Königin Merope.

5. Kapitel: Akamas (S. 109–126)

Akamas denkt in seinen Gemächern über Medea nach, die er für eine „Ahnungslose" hält. Er erinnert sich an die Ankunft der Flüchtlinge in Korinth. Jason habe damals zunächst vergessen, ihm seine Frau vorzustellen, die sehr schön, fremdartig und hochschwanger gewesen sei. Noch in derselben Nacht habe Medea Zwillinge, Jungen, zur Welt gebracht.

Von Beginn an wundert sich Akamas über das auffallende Interesse Medeas an Politik und Astronomie und hat zunächst

Freude daran, ihr die Ordnung des Staates Korinth zu erläutern. Doch in den folgenden Jahren treten ihre unterschiedlichen Auffassungen über das Staatswesen immer deutlicher zutage.

Zum offenen Bruch zwischen Akamas und Medea kommt es bei ihrem Streit über die „Opferung" beziehungsweise Ermordung der Königstochter Iphinoe. Und so erfährt Medea aus dem Munde Akamas', der damals noch jung gewesen ist, die Wahrheit: Königin Merope hat den Staat Korinth damals mittels einer Verheiratung ihrer Tochter und eines Bündnisangebots des Nachbarstaates stärken wollen. Als Königin hat sich Merope aktiv für das Schutzbündnis eingesetzt und so die Politik beeinflusst. Denn der Tradition zufolge hat sich die Herrschaft in Korinth stets mütterlicherseits vererbt, was bedeutet, dass König Kreon seine Krone lediglich von der Königin geliehen bekommen hat. Merope hat bei dem Schutzbündnis die Forderung gestellt, dass nach dem Ableben Kreons die älteste Tochter Iphinoe die Herrschaft über das Land übernehmen solle. Doch Kreon weigerte sich, da er durch ein solches Arrangement die gerade gefestigten patriarchalischen Strukturen wanken sah. Von nun an betrachtete der König Mutter und Tochter als Konkurrenten und als Bedrohung des Patriarchats, weshalb er letztendlich zum äußersten Mittel griff und Iphinoe ermorden ließ.

Medeas Angebot, über Iphinoes Schicksal zu schweigen, nimmt Akamas kommentarlos hin, doch besiegelt diese Unterhaltung die endgültige Feindschaft zwischen ihm und Medea. Der ranghöchste Diener im Staat, Akamas, hat sich der Politik, der Macht und dem König verschrieben und letztlich gelernt, dass keine Lüge plump genug ist, wenn es darum geht, die eigenen Interessen durchzusetzen. Seitdem er eines Tages Medea vor Leukons Tür begegnet ist, verfolgt er dessen Verhalten umso misstrauischer.

6. Kapitel: Glauke (S. 129–149)

In Korinth ist die Pest ausgebrochen. Die Königstochter Glauke, offensichtlich von früheren Ereignissen (Tod der Schwester Iphinoe) bereits traumatisiert, ist davon überzeugt, dass sie auch hierfür die Schuld trägt, wenngleich sie nicht genau weiß, wodurch sie sich schuldig gemacht hat.

Zusätzlich hat König Kreon ihr jeden Kontakt zu Medea strengstens untersagt und ihr Turon, einen jungen skrupellosen Aufsteiger, als „Beschützer“ zugeordnet. Glauke hat der fremden und selbstbewussten Königstochter Medea mit ihrer Aura und ihren ungewöhnlichen Heilmethoden während all der Jahre hindurch positiv gegenübergestanden. Durch ihre freundschaftlichen und zugleich therapeutischen Gespräche, die Medea mit Glauke führt, dringt sie allmählich zum eigentlichen Kern von Glaukes Krankheit vor. Sie nimmt Glaukes Panikattacken sowie ihre Hemmungen, über den Brunnenhof zu gehen, ernst und allmählich bessern sich unter Medeas Einfluss und durch ihre Heilmethoden Glaukes Fallsucht sowie ihr Ausschlag. Durch Medeas Zuspruch ist Glauke sichtlich aufgeblüht und hat für kurze Zeit ihre scheue, zurückgezogene Lebensweise abgelegt.

All dies zweifelt Glauke mit einem Mal an, suggeriert ihr doch das neue Verhalten ihres Vaters ihr gegenüber – er hat seine junge, aber erwachsene Tochter gerade zum ersten Mal in ihrem Leben berührt –, dass Medea eine Verräterin sei und „schwarze Magie“ praktiziere. Aus diesem Grund bringt Glauke auch Verständnis für den Zornausbruch des Vaters auf, nachdem jener von dem engen Kontakt zwischen den Frauen erfahren hat.

Trotz der vom König verordneten Maßnahmen versucht Medea weiterhin, über Arinna, die Tochter ihrer Ziehschwester Lyssa, mit Glauke in Verbindung zu bleiben. Arinna selbst erzählt Glauke bei einem solchen Treffen von ihrem Liebesverhältnis zu Jason. Eines Tages führt Medea die Königstochter mit der Frage, ob diese nicht einmal die besten Bildhauer der Stadt kennenlernen möchte, bei Oistros und Arethusa, beides Flüchtlinge von Kreta, ein. Als Medea und Oistros sich hinter einen Vorhang zurückziehen, erkennt Glauke, dass diese ein Verhältnis miteinander haben und Jason somit frei ist, frei nicht nur für Arinna, die rangmäßig unter ihr steht, sondern insbesondere für sie, die sich von Anfang an zu ihm hingezogen gefühlt hat.

Mit dem Ausbrechen der Pest schwanken Glaukes Gefühle für Medea zwischen Zuneigung und Hass. Letzterer überwiegt, weil Glauke in ihrer Situation eine Parallele zu dem Verhalten ihrer Mutter sieht. Als die Schwester Iphinoe ermordet worden ist, hat sich ihre Mutter Merope abrupt von allem, auch von Glauke, zurückgezogen. Ähnlich verraten fühlt sich die Königstochter nun von der plötzlich fernbleibenden Medea. Das wieder aufgekeimte Gerücht des Brudermordes spricht ebenfalls gegen Medea. Gegen Ende des Monologes hört Glauke vor dem Palast Stimmen, die den Namen „Medea" skandieren. Erst allmählich wird ihr bewusst, dass die Menge Medea als Opfer fordert. Diese Einsicht löst einen epileptischen Anfall aus, bei dem Glaukes letztes klares Wort „Medea" ist.

7. Kapitel: Leukon (S. 153–171)

Die Pest ist weiter fortgeschritten, Leukon und Medea sitzen in der Nacht bei Leukon zusammen. Der zweite Hofastronom in Korinth schweift, während er mit Medea den Sternenhimmel anschaut, mit seinen Gedanken immer wieder ab. Er ist besorgt, dass die um sich greifende Pest Medeas Ende bedeutet. Er weiß nicht mehr, wie er Medea helfen soll, weil sie all seine Warnungen ignoriert. Nach wie vor genießen die Freunde die nächtlichen Gespräche über Politik, Astronomie, Soziales und Privates.

Bei dieser Gelegenheit erzählt Medea, dass sie der ganzen Hetzkampagne gegen sie, die dem Gerücht des Brudermordes gefolgt sei, sogar noch eine gute Seite abgewinnen könne, habe sie schließlich genau an dem Tag, an dem der Pöbel sie durch die

Stadt gejagt habe, den Bildhauer Oistros kennengelernt. Dieser, ein Flüchtling von Kreta, sei es gewesen, der Medea an jenem Tag von der Straße in sein Haus gezogen und sie so vor dem Mob gerettet habe. Medea fühlt sich wieder geborgen und geht eine Liebesbeziehung mit Oistros ein. Nur kurze Zeit nach der ersten Begegnung zwischen Medea und Oistros erschüttert ein schweres Erdbeben die Stadt.

Leukon und Medea unterhalten sich ebenfalls über den Mord an Iphinoe, wobei Leukon seine damalige Position darlegt. Er habe auf das Verbrechen reagiert, indem er sich seitdem aus der Politik zurückgezogen habe. Am Hof könne er sich lediglich dadurch halten, dass er dem fachlich schlechteren Akamas heimlich seine eigenen, richtigen Berechnungen zukommen lasse.

Leukon wehrt sich zuweilen gegen Akamas' willkürliche Verhaltensweisen, so, als er diesem auf den Kopf zusagt, jener habe die Meute, die Medea gejagt hat, bezahlt. Doch Leukon weiß, dass er, will er unbeschadet weiterleben, nicht zu weit gehen darf. Durch Medea ist der Hofastronom bei den Flüchtlingen von Kreta eingeführt worden und er und Arethusa sind bald darauf ein Paar geworden. Leukon nimmt für seine Liebe sogar in Kauf, dass Arethusa zeitgleich noch eine Bindung zu einem älteren Mann von Kreta, der Arethusa einst gerettet hat, unterhält.

Während Leukon den Sternenhimmel betrachtet, erinnert er sich an seine einzige Begegnung mit Lyssa. Auf Medeas Wunsch hin, die nach dem Ausbruch des Erdbebens mit der Pflege der kranken Arethusa beschäftigt gewesen ist, habe er Lyssa direkt nach dem Ausbruch des Erdbebens aufgesucht. Diese habe sich reizend um die beiden Jungen Medeas gekümmert.

Große Sorgen macht sich Leukon um die gesundheitliche Lage Korinths, weil die Toten zum Teil wochenlang liegen bleiben und sich die Seuche immer weiter ausbreitet. Man gibt weiterhin Medea die Schuld an der Pest.

Als der Morgen anbricht, trennen Medea und Leukon sich.

8. Kapitel: Medea (S. 175–197)

Medea sitzt als Gefangene in einer fensterlosen Kammer des Palastes und wartet dort auf das Urteil. Ihr werden verschiedene Verbrechen zur Last gelegt: der Brudermord, das Erdbeben und die nachfolgende Pest sowie – gerade eben erst geschehen – ein Mordanschlag auf Turon.

Medea zieht ein Resümee der letzten drei Tage: Sie habe es als Geste der Versöhnung angesehen, zum korinthischen Frühlingsfest der Artemis zu gehen, und habe das seit Jahren nicht mehr getragene, weiße Priesterinnengewand angelegt. Während Lyssa dies kritisiert, sind die Kinder vom Anblick ihrer Mutter fasziniert.

Mit vielen Feiernden, die wegen der anhaltenden Pest lediglich bescheidene Gaben mitgebracht haben, begibt sich Medea an diesem Festtag auf den Artemis-Hügel. Als schließlich die Stiere geopfert werden, entlädt sich die kollektive Anspannung in einem unglaublichen Gebrüll, sodass sich Medea, selbst ehemalige Priesterin, vor der Opferzeremonie ekelt. Kurz darauf wird bekannt, dass Gefangene ausgebrochen sind und sich im Tempel verschanzt halten. Wärter überwältigen sie und man entschließt sich, die Gefangenen zu opfern. Nur Medeas Einschreiten ist es zu verdanken, dass lediglich ein einziger Mann „geopfert“ wird, doch für dessen Tod, so Medea, trage sie allein die Verantwortung.

Bitter enttäuscht und mit tiefem Abscheu verlässt Medea anschließend die Feier und wird, wie die gesamte Bevölkerung, von einer von Akamas geheim gehaltenen Mondfinsternis überrascht. Leukon, der Akamas' Pläne durchschaut, wendet sich sofort an Oistros, der Medea zu Hilfe eilen will. Die Geliebte selbst macht sich nach kurzem Schlaf wieder auf den Weg und erreicht, angezogen von bekannten Klängen und Rhythmen, die Stätten der Kolcherinnen, die ihr eigenes Frühlingsfest feiern. Plötzlich dringt, auf der Suche nach den Schuldigen für die

Mondfinsternis, Turon mit einer Axt in den heiligen Hain. Die kolchischen Frauen sind außer sich vor Zorn und rächen sich in blinder Raserei für diesen Frevel, indem sie dem Eindringling sein Geschlecht abschneiden. Gegen den Rat von Oistros, der Medea inzwischen in den Wäldern gefunden hat, verarztet Medea Turon; er wird den Anschlag überleben. Dennoch wird Medea als Anführerin der Kolcherinnen festgenommen und in die Palastkammer eingesperrt. Gegen die Kolcher wird noch in derselben Nacht eine Strafexpedition unternommen, wovon Medeas Haus dank Jasons Einwirken verschont bleibt.

Nun, drei Tage später, sieht Medea von ihrer Zelle aus einige Menschen zum Gerichtssaal gehen, unter ihnen auch Jason mit Glauke, Agameda, die hochmütig zu Medea hineinschaut, und Leukon, der gebrochen wirkt. In ihren Gedanken ist Medea bei ihren halbwüchsigen Söhnen Meidos und Pheres.

Schließlich kommt der Bote, um die Angeklagte zur Urteilsverkündung zu holen.

9. Kapitel: Jason (S. 201–208)

Jason ist nach dem Urteil, das für Medea die Verbannung vorsieht, innerlich aufgewühlt. Ihm sei klar gewesen, dass das Gerichtsverfahren ein Schauprozess werden würde, das wahre Urteil habe von Beginn an festgestanden. Doch sei die Tat der Kolcherinnen, einem Mann das Geschlecht abzuschneiden, unverzeihlich. Für ihn sei es peinlich gewesen, im Gerichtssaal erfahren zu müssen, dass die Königstochter Medea eine Liebesbeziehung mit einem Steinmetz eingegangen sei.

Irritiert zeigt sich Jason über Glaukes und noch mehr Agamedas Bitten, Medea zu erlauben, die Kinder mit in die Verbannung zu nehmen, was Kreon allerdings strikt verboten hat.

Zur Urteilsverkündung hat man Medea in den Saal geführt, die dort ständig seinen Blick gesucht hat, er selbst ist dem ihren ausgewichen. Als Medea erfahren hat, dass sie ohne die Kinder in die Verbannung geschickt wird, ist sie für einen kurzen Moment gewankt. Leukon hat daraufhin, die Konvention brechend, noch vor Ende der Sitzung den Saal verlassen. Glauke erlitt direkt im Anschluss an die Gerichtsverhandlung abermals einen heftigen epileptischen Anfall.

Medea selbst packt in der Lehmhütte ihr Bündel für die Verbannung, als Jason sie noch einmal besucht und sie bedrängt, ihre Schuld einzusehen. Doch es kommt zu keiner Annäherung oder gar Versöhnung zwischen beiden. Jason empfindet Medeas Verhalten als anmaßend, sie hingegen erwidert ihm, sie könne ihn nur noch bedauern. Voller Wut vergewaltigt Jason seine Frau.

10. Kapitel: Leukon (S. 211–220)

Die Pest flaut ab, Leukon beschäftigt sich wie früher mit den Sternen, ist aber ein anderer geworden, denn Arethusa ist der Seuche zum Opfer gefallen. Zum Andenken an die geliebte Frau hat er den hellsten noch namenlosen Stern nach ihr benannt.

Leukon erinnert sich an den Tag der Urteilsvollstreckung: Wie einen Sündenbock habe man Medea durch die Stadt geführt, beschimpft und besudelt, bevor man sie in die Verbannung schickte. Vor diesem letzten Gang habe Medea, gleich einer Furie, ihre Kinder in den Tempel gebracht und sie, da sie selbst nicht mehr für sie sorgen könne, der Göttin Hera anvertraut. Doch sind die Jungen schließlich vom korinthischen Volk, das erneut von Akamas aufgestachelt worden sei, gesteinigt worden.

Auch Glauke ist tot. Sie hat die wahren Zusammenhänge hinsichtlich ihrer Schwester Iphinoe erkannt und die falschen Beschuldigungen gegen Medea durchschaut. Gekleidet in das weiße Gewand, das Medea ihr als Freundin geschenkt hat, hat sich Glauke in den Hofbrunnen gestürzt. Obgleich Medea sich bereits in der Verbannung befindet, wird nach ihr und Lyssa, die ebenfalls verschwunden ist, gesucht, um ihr den Suizid Glaukes als Mord anzulasten. Da Medea unauffindbar bleibt, verbreitet sich im Volk das Gerücht, Medea sei von der Göttin Artemis selbst in sichere „Gefilde" entrückt worden. Akamas lässt daraufhin das Gerücht verbreiten, Medea habe Glauke ein vergiftetes Gewand geschenkt, um sie zu töten. König Kreon zieht sich nach dem Tod seiner Tochter völlig verstört in seine Gemächer zurück und überlässt Akamas die Regierungsgeschäfte. Jason verbringt die Tage und Nächte auf dem Schiff „Argo" und verwahrlost.

11. Kapitel: Medea (S. 223–224)

Medea und Lyssa leben zusammen mit anderen Kolcherinnen seit vielen Jahren in Höhlen, als eines Tages Arinna zu ihnen stößt. Außer ihrer Mutter, Lyssa, erkennt sie keine der verwilderten Frauen wieder, auch nicht Medea.

Erst durch Arinna erfährt Medea, dass ihre Kinder vom korinthischen Volk ermordet worden sind, man aber ihr, der Mutter, den Mord an den eigenen Kindern anlaste. Arinna berichtet außerdem von einer neu eingeführten Sitte in Korinth: Alle sieben Jahre müssen je sieben Knaben und Mädchen als Sühne für die (angebliche) Schandtat Medeas ein Jahr lang im Tempel verweilen.

Medea (Ursula Höpfner-Tabori) verflucht ihre Feinde; Dramenfassung am Berliner Ensemble (Inszen.: Tanja Weidner, 2008).

Verzweifelt und außer sich vor Zorn und Schmerz über die Tötung ihrer Söhne und diese unglaublichen Verleumdungen verflucht Medea ganz Korinth, doch besonders Akamas, Kreon, Agameda und Presbon.

Medea fragt sich abschließend, in welche Welt sie hineinpassen könnte, doch findet sie niemanden, den sie fragen kann, und bleibt somit auf sich selbst gestellt und einsam zurück.

Textanalyse und Interpretation

1 Aufbau

Der Roman weist einen sehr durchdachten Aufbau auf[16]: Die Stimme der Protagonistin **Medea beginnt**. Nach ihr kommen zunächst **zwei Gefolgsleute** aus **Kolchis** zu Wort. Nach dem zweiten Monolog Medeas hören wir **drei Stimmen aus Korinth**. Dem dritten **Selbstgespräch Medeas** folgt je ein Kolcher und ein Korinther, **bevor Medea** als Hauptperson das **Schlusswort** erteilt wird.

Von den sechs „Stimmen" des Romans sind drei männlich (Jason, Akamas und Leukon) und drei weiblich (Medea, Agameda und Glauke). Medea spricht viermal, Jason und Leukon sprechen jeweils zweimal, alle anderen Personen je einmal.

Doch es gilt noch weiter, zwischen Freund und Feind, zu differenzieren: Bei den **Gefolgsleuten aus Kolchis**, zwischen dem ersten und zweiten Monolog Medeas, handelt es sich um Jason, der Medea noch positiv zugewandt ist, und Agameda, der Erzfeindin von Medea. Bei den **Menschen aus Korinth** (zwischen dem zweiten und dritten Monolog) findet sich ebenfalls ein Freund, Leukon, sowie ein Feind, Akamas. Zwischen diese beiden wird die Stimme der schwankenden Glauke eingefügt. Sie nimmt im Aufbau genau die Mittelstellung, das 6. Kapitel, ein. Nach dem dritten Monolog Medeas im Gefängnis reduzieren sich die Stimmen auf den ehemaligen Geliebten, aber jetzigen Feind Jason und den Freund Leukon.

Der Figurenaufbau des Romans

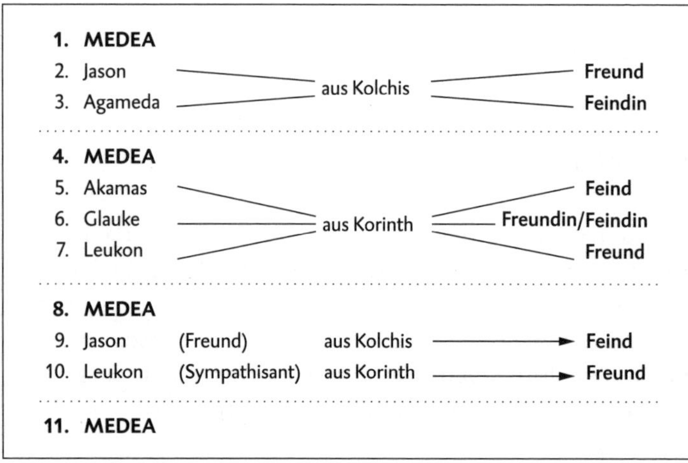

Die **vier Medea-Kapitel** beleuchten jeweils die **zentralen Stellen** des Geschehens: Zunächst entdeckt Medea bei Kreons Fest den Totenschädel der Iphinoe (Kap. 1), reagiert anschließend auf das Gerücht des Brudermordes (Kap. 4), befindet sich im dritten Monolog im Gefängnis (Kap. 8), um im Schlussmonolog auf die Entwicklung in Korinth nach ihrer Verbannung zu reagieren (Kap. 11).

Christa Wolf hat nicht nur dem gesamten Roman ein sogenanntes Motto vorangestellt, sondern sie hat darüber hinaus jedem einzelnen Kapitel einen Leitspruch gegeben, der den jeweils folgenden Monolog akzentuiert. Die Mottos stammen von antiken und zeitgenössischen Autoren, was die überzeitliche Aktualität des Medea-Stoffes demonstriert.

Für den gesamten Roman ergibt sich demnach folgender Aufbau:

Übersicht der Mottos und ihrer Autorinnen und Autoren

	Stimme	Autor
Motto des Buches *S. 6*		**Elisabeth Lenk** (Jahrgang 1937): emeritierte Professorin für europäische Literatur an der Universität Hannover, u. a. Schülerin von Adorno.
Vorwort *S. 9 f.*		**Christa Wolf über die Funktion der Stimmen**
Kapitel 1 *S. 11*	Medea	**Seneca** (ca. 4 v. Chr. – 65 n. Chr.): römischer Philosoph, Dichter und Staatsmann; Verfasser von mindestens 9 Tragödien, u. a. *Medea*.
Kapitel 2 *S. 39*	Jason	**Platon** (428/7–347 v. Chr.): großer griechischer Philosoph; Schüler von Sokrates.
Kapitel 3 *S. 67*	Agameda	**Euripides** (485 o. 480–406 v. Chr.): neben Aischylos und Sophokles einer der drei großen griechischen Tragödiendichter; verfasste das erste Drama über Medea.
Kapitel 4 *S. 89*	Medea	Seneca siehe Kapitel 1
Kapitel 5 *S. 107*	Akamas	Cato Cato der Ältere, Marcus Porcius (234–149 v. Chr.): römischer Staatsmann, Feldherr und Schriftsteller.
Kapitel 6 *S. 127*	Glauke	**Ingeborg Bachmann** (1926–1973): österreichische Schriftstellerin, eines der wenigen weiblichen Mitglieder der „Gruppe 47". Das Fragment *Franza* gehört zu ihrem Romanprojekt *Todesarten*.
Kapitel 7 *S. 151*	Leukon	**René Girard** (Jahrgang 1923): Kulturanthropologe, Literatur- und Religionswissenschaftler; 1988 erschien seine Studie *Der Sündenbock*.
Kapitel 8 *S. 173*	Medea	**René Girard** siehe Kapitel 7
Kapitel 9 *S. 199*	Jason	**Euripides** siehe Kapitel 3
Kapitel 10 *S. 209*	Leukon	**Dietmar Kamper** (1936–2001): deutscher Philosoph und Soziologe. Professor in Marburg und an der Freien Universität Berlin.
Kapitel 11 *S. 221*	Medea	**Adriana Cavarero** (Jahrgang 1947): Professorin für politische und „feministische" Philosophie an der Universität Verona/ Italien.

2 Personenkonstellation

Um die vielen agierenden Personen des Romans aus den unterschiedlichen Gebieten und Stadtstaaten schneller einordnen zu können, zeigt die nachstehende Skizze eine **Übersicht der Königshäuser**. Die Anordnung von links nach rechts folgt der Handlung, in der Jason von Jolkos nach Kolchis und schließlich nach Korinth gelangt.

In dem darunterliegenden Abschnitt sind die **Diener** (z. B. Telamon, Lyssa, Arinna) beziehungsweise die **Bediensteten** (Akamas, Leukon) den jeweiligen Königshäusern zugeordnet.

Der untere Bereich zeigt die **Ebene des Volkes**, der unter anderem in Korinth nun Agameda und Presbon sowie die Flüchtlinge von Kreta, Arethusa und Oistros, angehören.

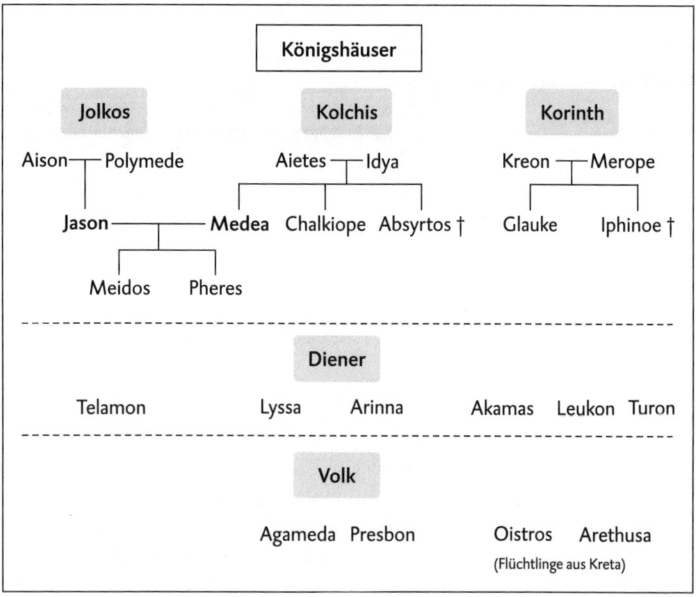

Christa Wolf hat den in den Mythen und Dramen überlieferten Personen, wie Medea, Jason und Glauke mit ihren Familien, neue Figuren hinzugefügt, wie Agameda, Akamas, Leukon, Turon, Oistros und Presbon.

Bezogen auf die Verteilung der „Stimmen" ist dies interessant, es ergibt ein Verhältnis von drei zu drei: Medea, Jason und Glauke als „historische", Agameda, Akamas und Leukon als fiktive Stimmen.

Bedeutsam ist diese Feststellung für die Interpretation des Romans, wird damit doch insgesamt das Geschehen von einem reinen „Ehedrama" auf eine gesellschaftliche (der Neid der Agameda und des Presbon) sowie auf eine hochpolitische Ebene (Akamas und Leukon als erster und zweiter Hofastronom) gehoben.

Egal von welcher Ebene aus der Roman betrachtet wird, die Figur der Medea steht immer im Mittelpunkt. Die verbleibenden **Personen des Romans gruppieren sich um** die Protagonistin, die Hauptperson **Medea**. Die faszinierende und eigenwillige Fremde scheint in Korinth niemanden kalt zu lassen. Mit jeder Figur pflegt Medea Kontakt, das reicht von einer sehr intensiven Beziehung zu Lyssa – die hier nicht mehr wie in der Überlieferung die Amme, sondern die Ziehschwester von Medea ist – Jason und Oistros bis hin zu einer äußerst distanzierten Beziehung zu Kreon, Presbon oder Turon. Gleichzeitig variiert die Intensität der Beziehungen der anderen Menschen zu Medea. So ist Medea beispielsweise Agameda lange Zeit wohlwollend gesonnen, während diese ihrer früheren Lehrerin nur noch mit Hass begegnet. Glaukes Verhältnis zu Medea ist dagegen ambivalent. Während die kolchische Königstochter der unsicheren jungen Frau mit Zuneigung und Verständnis gegenübertritt und versucht, ihr therapeutische Hilfestellungen zu geben, fühlt Glauke sich zwar zu der reifen, unangepassten Frau hingezogen, glaubt dann aber wieder, von ihr verraten worden zu sein.

Eine Untersuchung der Konfiguration sollte stets die Herkunft der einzelnen Personen berücksichtigen. **Nähe oder Distanz zwischen Medea und anderen Personen** zeigt sich sowohl bei Landsmännern und -frauen aus Kolchis (Lyssa/Agameda bzw. Presbon) als auch bei Korinthern und Korintherinnen (Kreon/Leukon). Bemerkenswert ist, dass die wechselseitige Beziehung mit den Kretern ausgezeichnet ist. Hier treffen Asylanten aufeinander, nämlich solche, die aus ihrem Land flüchten wollten (Medea mit den Gefolgsleuten) und solche, die aus ihrem Land flüchten mussten (Oistros und Arethusa nach der Naturkatastrophe auf Kreta). Beide Gruppen haben offensichtlich ein Interesse und ein Bedürfnis an neuen Freunden und Vertrauten und – was sehr wichtig ist – jede Partei kann sich in die Situation der anderen hineindenken und -fühlen.

Schaubild der emotionalen Nähe/Distanz zu Medea

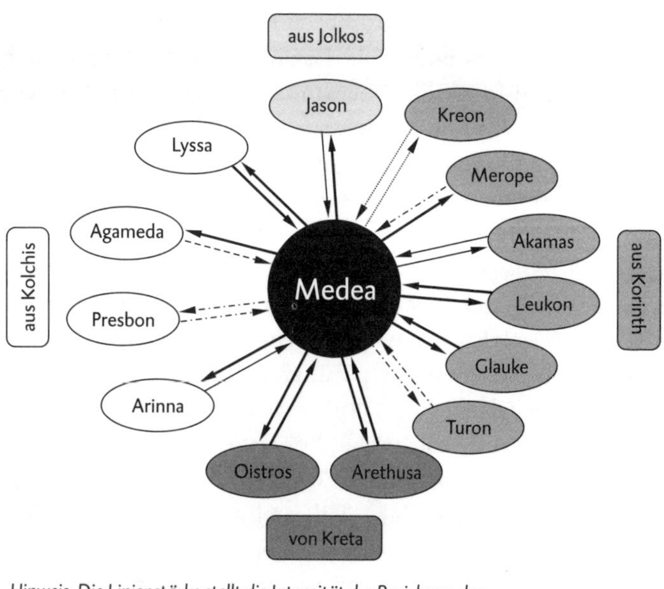

Hinweis: Die Linienstärke stellt die Intensität der Beziehung dar.

Darüber hinaus ist interessant, wie sich die **Kontakte zwischen den einzelnen Personen** darstellen. Einige Personen pflegen bewusst ausschließlich Umgang mit den eigenen Landsleuten (Lyssa), andere nur mit sehr ausgesuchten (Akamas). Während Medea zu (fast) jeder Person eine Verbindung unterhält und unterhalten will, kann in Akamas, aufgrund seiner Stellung als erster Beamter unter König Kreon, eine Art Delegat gesehen werden. Bei ihm laufen alle Informationen zusammen, bevor sie an den König weitergegeben werden, und er delegiert entsprechende Weisungen des Königs an die unter ihm Stehenden.

Bei der Betrachtung der Personenkonstellation muss ebenfalls den Namen der Personen Aufmerksamkeit geschenkt werden. Den ohnehin **sprechenden überlieferten Namen** hat Christa Wolf ebensolche zur Verdeutlichung ihrer **fiktiven** Charaktere hinzugefügt. Die nachstehende Übersicht listet die wichtigsten Namen mit ihrer jeweiligen Bedeutung alphabetisch auf[17]:

Agameda	die Überkluge, Steigerung von „Medea"
Akamas	der Unermüdliche
Arethusa	Nymphe der Insel Ortygia bei Syrakus
Arinna	Göttin der Sonne und des Feuers
Glauke	die Glänzende, Helle
Idya	die Wissende
Iphinoe	Tochter des Proitos von Tirynth; sie verfiel dem Wahnsinn
Jason	der Heilende
Kreon	der Herrscher
Leukon	der Leuchtende, Weiße, Blasse
Lyssa	die Wölfin; Wahnsinn, Raserei; unberechenbare Liebesglut
Medea	die, die Rat gibt, Sorge trägt, waltet
Merope	in der Mythologie u. a. Name der Gattin des Sisyphos von Korinth und Mutter des Glaukos; zieht aber auch als Gattin des Polybos von Korinth den vom Hirten gebrachten Ödipus auf
Oistros	der Wütende, Leidenschaftliche
Presbon	der Wichtige, Ehrwürdige

3 Die Charaktere der Stimmen

Medea

Medea, deren Name „die guten Rat Wissende" (S. 58) bedeutet, ist die Tochter des Königs Aietes von Kolchis und seiner Gemahlin Idya. Sie wächst mit der älteren Schwester Chalkiope und ihrem jüngeren Bruder Absyrtos, mit welchem sie ein besonders inniges Verhältnis verbindet, auf.

Medea in Kolchis: Die Königstochter bekleidet in Kolchis das **Amt der Priesterin** der Hekate und wirkt gleichzeitig als Heilerin und Zauberin. Darüber hinaus besitzt Medea, dies hat ihre Mutter früh erkannt, die Gabe des „Zweiten Blickes" (S. 19), das „Zweite Gesicht" (S. 19), sie verfügt damit zugleich über **„sehende" Fähigkeiten**.

Medeas **äußere Erscheinung** beeindruckt durch ihre „braune Haut" (S. 17), das wilde „Wollhaar" (S. 17, 63, 72) sowie ihre „Glutaugen" (S. 17) mit den „Goldfunken in der grünen Iris" (S. 111). Der Landessitte der Heimat gemäß kleidet sich Medea mit einem rotweißen Stufenrock und einem schwarzen Oberteil (S. 44).

Die Königstocher tritt **selbstbewusst** auf und ist absolut sicher im Umgang mit Fremden, wie beispielsweise die erste Begegnung zwischen ihr und den Argonauten zeigt. Völlig ungezwungen, so berichtet Jason später, sei sie auf ihn und Telamon zugegangen und habe nach ihren Wünschen gefragt:

> *Kurios war es schon, wie sie uns mit zum Friedenszeichen erhobenen Händen grüßte, ein Zeichen, das nur dem König oder seinem Abgesandten zukommt; wie sie freimütig ihren Namen nannte, [. . .]; wie sie, als käme es ihr zu, unseren Namen und unser Anliegen zu wissen begehrte und ich, überrumpelt, dieser Frau offenbarte, was nur der König erfahren sollte.* (S. 45)

Medea strahlt nicht nur Selbstsicherheit aus, sondern es umgibt sie zugleich eine faszinierende Aura, wenn sie souverän ihrer Priester- (S. 53 f., 59, 61) und auch ihrer Zaubertätigkeit nachgeht.

In ihrer Heimatstadt Kolchis erfährt die Königstochter allerdings neben hohem Ansehen aufgrund ihrer privilegierten Abstammung und ihres herausgehobenen Amtes zugleich Neid und Missgunst, wie die Beispiele Agameda und Presbon zeigen.

Ebenso wie ihre Mutter, ihre Schwester und ihr Bruder Absyrtos **verfolgt Medea** aufmerksam die **politischen Veränderungen** im Stadtstaat Kolchis. Besorgt über die zunehmend patriarchalische und autonome Regierungsführung des Vaters schließt auch sie sich den Kritikern an, aus denen schließlich die Opposition hervorgeht. Diese trifft sich nicht zufällig im Tempel der Hekate (S. 92), in dem Medea als oberste Priesterin dient, denn die Menschen, die Medea später folgen werden, sehen in ihr eine Art Anführerin (S. 30).

Die Machtgier des Vaters und seine Hinterlist der eigenen Familie gegenüber, aber insbesondere der brutale Mord am geliebten Bruder, wühlen die junge Königstochter im Innersten auf (S. 95 ff.). Mit dieser Untat verliert die Priesterin nicht nur ihren Glauben (S. 97), sie wird das weiße Gewand ihres Berufsstandes erst viele Jahre später wieder anlegen (S. 177). Das Verbrechen beschleunigt zudem Medeas Entscheidung, gegen den Vater zu agieren, indem sie Jason ihre Hilfe bei der Eroberung des Vließes anbietet. Dieser erinnert sich, dass Medea ihm den Plan völlig nüchtern erklärt hatte:

> *Den ganzen Ablauf in allen Einzelheiten. […] Medea [stand] auf und sagte, so kalt wie alles andere: Eine Bedingung: Du nimmst mich mit.* (S. 59)

In gleicher Weise kalkulierend, allerdings emotional aufs Äußerste berührt, wirft Medea später, als die kolchische Flotte die flüchtenden Argonauten verfolgt, die einzelnen Knochenstücke des Bruders zur Abschreckung ins Meer (S. 98f.). Fortan zwar ohne Glauben, will Medea ihre Tat der Tradition gemäß dennoch „entsühnen“ (S. 100ff.) und bittet die Argonauten, die Insel ihrer Tante Kirke anzusteuern.

In ihrem Vorgehen gegen den Vater und ihrer Flucht weiß Medea sich eins mit ihrer Mutter, von der allein sie sich verabschiedet hat. Doch sie lebt fortan mit dem **Wissen, eine Schuld auf sich geladen zu haben**; dies hat ihr der letzte Blick der Mutter und Königin unmissverständlich deutlich gemacht:

ihr Blick [der Mutter] brannte mir ein Wort ein, das ich vorher nicht kannte: Schuld. (S. 14)

Medeas Beziehung zum Argonauten Jason ändert sich von einer zunächst geschäftsmäßigen (Fluchtzusage gegen Vließ) in eine Liebesbeziehung. **Erst während der Reise auf der Argo verliebt sich Medea in Jason** (vgl. S. 26f., 59, 98). Gemeinsam verarzten sie auf dem Schiff die Verwundeten und Medea lernt Jason schätzen und lieben. Damit sie vom König der Insel Korkyra, wo sie Asyl gefunden haben, nicht der kolchischen Flotte ausgeliefert wird, heiraten sie und Jason (S. 104f.).

Medea in Korinth: Als **Medea und Jason** nach den Irrfahrten endlich in Korinth an Land gehen, **verkörpern** sie das **liebende Ehepaar**. Jason ist stolz auf seine Frau, die hochschwanger ist und noch in derselben Nacht die Zwillinge Meidos und Pheres gebärt (S. 111 f.).

In den nächsten zehn bis zwölf Jahren **verschlechtert sich die Ehe**, unter anderem deshalb, weil Jason zunehmend mit anderen Frauen Verhältnisse eingeht (S. 25). Zwar schlafen die beiden Eheleute noch miteinander, auch, nachdem Medea mit den Kindern den Palast räumen muss (S. 28, 73), doch darüber hinaus haben sie sich nicht mehr viel zu sagen. Medea reagiert durchaus enttäuscht, als Jason sie mit den Kindern ziehen lässt, selbst aber unter einem Vorwand im Palast verbleibt. Und spätestens als **Medea** vom Pöbel durch die Stadt getrieben wird und Jason ihr in keiner Weise zu Hilfe eilt, **wendet sie sich von ihm ab** und geht eine Liebesbeziehung mit dem Mann ein, der sie vor der Meute gerettet und ihr wieder einen Halt, einen „Ort" (S. 166), gegeben hat. Ihr helles Lachen, das sie während ihres langen Aufenthaltes in Korinth verloren hat (S. 111), ist von nun an wieder ab und an zu hören.

Mit Einsetzen des Romantextes wohnt Medea bereits einige Zeit in dem kleinen Lehmbau und hat Jason zu verstehen gegeben, dass sie ihn zum letzten Mal zu einem Bankett des Königs begleitet. Auf dem Fest selbst wird sie **vom Herrscher herabgewürdigt**, da er sie zu den Rangniederen des Hofstaates Leukon und Telamon setzt. Dadurch fühlt sich die Königstochter gedemütigt und „straft" (S. 17) ihrerseits den König, indem sie für sich den gebührenden Respekt einfordert. Sie rächt sich an Jason, der ihr keinen angemessenen Platz an der Tafel verschafft hat, indem sie ihn während des Festes bewusst eifersüchtig macht.

Neben diesen Charakterzügen fällt deutlich **Medeas Hang zu** harscher beziehungsweise polemischer und selbstgerechter **Kritik** auf, so, wenn sie die Heilmethoden des Gastlandes schlicht als „faulen Zauber" (S. 64) abstempelt (und damit den Bogen bei König Kreon endgültig überspannt) oder ihren Mann immer wieder herablassend und süffisant mit mein „armer" oder „guter" Jason anredet (u. a. S. 18, 20, 61, 99).

Dagegen ist ihr Verhalten dem Volk gegenüber sozial und hilfsbereit. Medea **engagiert sich** hier wie in Kolchis **als Heilerin**, rettet viele Leben während der anhaltenden Hungersnot (S. 46), pflegt unermüdlich die Kranken nach dem Erdbeben sowie während der Pest (S. 167, 170) und kann in komplizierten Fällen Erfolge vorweisen (S. 62 f.), wie insbesondere das Beispiel der traumatisierten Glauke zeigt. Diese gewinnt erst durch Medeas Heilmethoden und psychoanalytische Gespräche wieder einen Teil ihrer Lebensfreude zurück.

Maria Callas als Medea in der Verfilmung von Pier Paolo Pasolini (1970)

Medea, die selbst an das Gute im Menschen (S. 79) glauben will, fragt sich allerdings im Fall der sie denunzierenden Agameda, woher soviel Hass kommen kann (S. 97). Sie selbst wird **von der Mehrzahl der beteiligten Stimmen** des Romans **negativ charakterisiert**, als „stolz" (S. 20), „eitel" (S. 22), hochmütig (S. 14, 15, 49, 175, 186), „wild" (S. 18, 109) – was hier eigensinnig meint (S. 18, 63) – „herausfordernd" (S. 47), selbstsicher und willensstark (u. a. S. 18, 19, 21, 47, 49).

Im Asylland tritt sie lange, bis zum Gerücht des Brudermordes, auch äußerlich auffallend **unangepasst** (Haare) auf. Politisch hochgradig interessiert, imponiert Medea durch einen ausgesprochen scharfen, analytischen Verstand. Sie durchschaut schnell und sicher Zusammenhänge (schließt sofort vom Skelett auf die Untat im Land), weist klare **Führungsqualitäten und Machtwillen** auf, indem sie immer und immer wieder zunächst das System der Kolcher, später das der Korinther kritisiert (vgl. auch die feinsinnige Verwendung des Wortes „also", S. 114, 171).

In ihrer **Selbsteinschätzung** sieht Medea deutlich ihre eigenen Stärken und Schwächen. So weiß sie sehr genau um ihre persönliche „Schuld" (S. 14) in Kolchis, weshalb sie sich Jahre danach in Korinth auch entschließt, das Verbrechen an Iphinoe aufzuklären, wissend, dass Akamas und Kreon ihr Tun genau beobachten. An diesem Punkt angekommen, bleibt Medea nur die Wahl, entweder vor der Macht „einzuknicken“ oder aber sich weiterhin für die Wahrheit einzusetzen (S. 158). Sie wählt das Letztere und sagt: „**Ich will es jetzt wissen.**“ (S. 98) Und als sie sich mit Leukon über die Pest unterhält, dieser ihr berichtet, dass Gefangene geopfert werden sollen, um die Götter gnädig zu stimmen, da widersetzt sich Medea; der Freund fasst zusammen:

> *Dies werde nichts nützen, sagt Medea. Sie werde es auch nicht zulassen. [...] Es wäre ihr lieb, wenn sie es nicht müßte, sagt sie knapp.* (S. 170)

Medea weiß zu diesem Zeitpunkt längst, **dass sie** dieses Mal nicht die Flucht ergreifen wird, sondern **den begonnenen Kampf** – und koste es das Leben – **ausfechten wird**. Demzufolge geht Medea mit dem Bewusstsein in die Verbannung, das Ihre für die Wahrheit und die Menschen getan zu haben.

Die Verruchtheit, ihr den Mord an den eigenen Kindern, zudem noch an einer heiligen Stätte, anzulasten, geht über das erträgliche, menschenmögliche Leid hinaus, weshalb sie, sich wieder rückbesinnend auf ihren Stand als frühere Priesterin, zum letzten Mittel, zum Fluch, greift: „Ich, Medea, verfluche euch.“ (S. 224)

Jason

Wie Medea ist Jason höfischer Abstammung, er ist der Sohn des Königs Aison von Jolkos. Dieser ist von seinem jüngeren Bruder Pelias vom Thron in Jolkos verdrängt worden und bringt seinen Sohn Jason zum Schutz in den Wald, wo er **von einem Zentauren**, Cheiron (S. 55), **aufgezogen** wird. Um seinem Vater, den er als Erwachsener das erste Mal sieht und der für ihn somit wie ein Fremder ist, dennoch wieder zum Thron zu verhelfen (S. 55), **schmiedet er den Plan, das Goldene Vließ zurückzuerobern** (S. 63). Er lässt auf Anraten des Vaters seinen Beruf als Heiler fallen (S. 55) und wird stattdessen **Anführer der Argonauten**. Jason erscheint bereits bei dieser Gelegenheit nicht als herausragender Abenteurer, Krieger oder Kämpfer mit Durchhaltevermögen, sondern er zieht sich, Gefahr witternd, schnell zurück. So überlegt er auf seiner Fahrt früh, ob die Argonauten nicht besser aufgeben sollten:

> *Wir mußten uns ja fragen: Sollten wir uns auf das Abenteuer [Vließ] einlassen, das, wie wir sehr wohl begriffen, gefährlich werden konnte, oder sollten wir einfach wieder abfahren, das Vließ, dieses dumme Fell, das mir schon über war, an seinem Ort belassen und uns zu Hause mit irgendeiner Geschichte herauswinden.* (S. 56)

Dem Anführer der Argonauten steht die damalige Situation auch nach langer Zeit noch plastisch vor Augen, er **beschönigt vor sich selbst nichts**, denn er weiß, dass die Argonauten ohne Medeas Zauberkünste ihr Ziel nie erreicht hätten:

> *„Dabei weiß ich, ohne sie [Medea] wäre keiner von uns aus Kolchis weggekommen."* (S. 61) oder *„Ohne sie, ohne Medea, wäre ich zugrunde gegangen."* (S. 62, vgl. auch S. 51 und 54)

Es ist charakteristisch für Jason, dass er die **Verhältnisse am Hof nicht durchschaut**. Dies gilt für Kolchis ebenso (S. 56) wie für Korinth:

> *irgend etwas muß mir entgangen sein, wie mir so vieles entgeht in der Wirrnis dieses Königshauses, in dessen Gewohnheiten ich mich schwer einfügen kann.* (S. 41)

Da Jason seine gesamte Kindheit und Jugend bis zum Mannesalter im Wald und ohne Zivilisation verbracht hat, sich „durchschlagen" (S. 58) musste, wie er es nennt, befremdet ihn das höfische Verhalten eher, als dass es ihn beeindruckt. So verwundert es auch nicht, dass **Jason nicht** annähernd die **Selbstsicherheit** besitzt wie seine Frau. Der zu Zeiten von Kolchis offensichtlich gut aussehende Königssohn (S. 104) bewegt sich durchaus „täppisch" (S. 33), hat wie seine Mutter eine „plumpe" (S. 55) Art, stottert schnell vor Verlegenheit (S. 48), „trottet" auch zuweilen hinter der Königstochter her und lässt sich schnell von Medea „überrumpeln“ (S. 59), als diese ihn darum bittet, sie auf seinem Schiff mitzunehmen.

Paläste irritieren und verunsichern Jason, er **braucht eine Person**, an die er sich halten kann, **die ihm rät**. Bisher, sowohl in Kolchis als auch bei der Ankunft in Korinth und die darauffolgenden Jahre über, hat Medea ihm beigestanden. Nach der Trennung in Korinth tritt ein eklatanter Zwiespalt zutage: Jason möchte am Königshof bleiben, weil er diesen als „lebenswichtig“ (S. 64, 105) ansieht. Auf der anderen Seite fühlt er sich nirgendwo so unsicher wie im Palast, besonders ohne Medeas Ratschlag: „Nur sie, Medea, könnte mir raten.“ (S. 66)

Dem Königssohn gelingt es rein intellektuell nicht, die Verhältnisse am Hof zu durchschauen: „Was das nun wieder soll.“ (S. 41) An einer anderen Stelle kommentiert Jason die Fakten: „Zu hoch für mich, all diese schwierigen verborgenen Zusammenhänge.“ (S. 47)

Richtig erkannt hat Jason allerdings, dass es sich bei Medeas Gerichtsverfahren um einen reinen Schauprozess handelt (S. 202) und dass denjenigen, der den Regierenden widerspricht, eine entsprechende Strafe erwartet.

Doch **Jasons** Charakter hat noch eine andere Seite: Unbestritten gilt er **als der Anführer der Argonauten** und übernimmt auf der Flucht, unmittelbar nach Betreten des Schiffes, die **Führungsrolle** (S. 104). Als es später Schwierigkeiten gibt, schmettert Jason einen Einwand kurz mit den Worten ab, Medea stünde unter seinem Schutz (S. 100).

Ein Held wird der Anführer der Argonauten allerdings erst durch die immer wiederkehrenden Erzählungen und späteren Legenden über das Vließ:

Viele Male habe ich es erzählen müssen, wie ich auf den Baum geklettert bin, wie ich das Vließ zu packen kriegte und mit ihm glücklich wieder herunterkam, und jedes Mal hat die Geschichte sich ein wenig verändert, so wie die Zuhörer es von mir erwarteten, damit sie sich ordentlich fürchten und am Ende ordentlich erleichtert sein konnten. [...] Sie sitzen abends an den Lagerfeuern und singen von Jason dem Drachentöter, [...]. (S. 54)

Nachdem es Jason nicht gelungen ist, in seiner Heimatstadt Jolkos die Anwartschaft auf den Thron zu erneuern, **ordnet** er **sich im Asylland Korinth** König Kreon **unter**. Er findet diesen nicht nur sympathisch, sondern genießt es, dass Kreon sich ihm gegenüber wie ein „Vater" (S. 55) verhält und ihn offensichtlich als künftigen Nachfolger ansieht, indem er ihm die Königstochter Glauke anbietet.

Jason hat Medea gegenüber zwar ein schlechtes Gewissen (S. 65), da er nicht mit ihr aus dem Palast auszieht und sie in keiner Weise verteidigt (S. 50), doch es ist ihm wichtiger, sich nicht öffentlich zu Medea zu bekennen, vielmehr schleicht er heimlich zu ihr (S. 73). Er stellt sein persönliches Fortkommen und seine Sicherheit über die Interessen seiner Familie. Aus einem zum Helden stilisierten Jason wird nicht aus Überlebens-, sondern aus Karrieregründen nach und nach ein Opportunist.

Als die Gerüchte des Brudermordes aufkeimen, verzichtet Jason erneut darauf, Medea zu verteidigen, und verhält sich abermals sehr egoistisch:

Das Weib wird mir zum Verhängnis. Als ob ich es nicht geahnt hätte. Medea wird mir zum Verhängnis, habe ich freimütig dem Akamas gesagt. [...] Daß ich im Ältestenrat stehe wie der letzte Dummbart und mich zu der Beschuldigung äußern muß, daß Medea damals ihren Bruder umgebracht haben soll. [...] aber davon könne doch keine Rede sein. Also sei ich überzeugt, daß die, die sie beschuldigten, lügen?
[...] Überzeugt, überzeugt. Wovon kann unsereins schon überzeugt sein bei diesen Weibern. (S. 41 f.)

Jason fühlt sich nach wie vor sehr stark **sexuell** (S. 28) **zu seiner Frau hingezogen**, obgleich er seit Längerem Liebschaften mit anderen Frauen unterhält (S. 24), unter anderem mit Arinna, der Tochter von Medeas Ziehschwester (S. 135). Er weiß, dass Medea über seine Verhältnisse informiert ist, doch es scheint ihm gleichgültig zu sein. Während Jason früher von Medeas Aura, ihrem Wesen, ihrer Sicherheit und Intelligenz fasziniert gewesen ist (S. 44 f., 48, 61, 59), hat sich ihre Beziehung nun auf die sexuelle Ebene reduziert (vgl. S. 25–28). Diese Verbindung geht ihrem Ende entgegen, sie pendelt zwischen einstigem Vertrauen, Jason weint bei Medea (S. 28), **Eifersucht** auf dem Fest und **verletztem Stolz**, z. B. als Medea sagt: „Schade um dich, Jason." (S. 207). Auf eine solche Kritik an seiner Person vermag Jason verbal nichts zu erwidern. So äußern sich seine Verletztheit, seine Wut und sein Zorn in brutaler physischer Gewalt:

> *Das war zuviel. Das mußte ich mir nicht bieten lassen. Ich konnte auch anders. Meiner Wut ihren Lauf lassen. Mich an sie heranmachen und sie gegen die Wand drängen. Ungestraft beleidigt man Jason nicht. Daß sie merkte, Jason kann einen schönen männlichen Zorn in sich wachsen lassen über die Listen der Weiber, er kann sehr stark werden, wenn er das weiche Fleisch, in das er sich verkrallt hat, nachgeben fühlt unter sich, wenn er in den Augen der Frau endlich etwas wie Überraschung sieht, ehe sie die Augen schließt und den Kopf abwendet und das Unvermeidliche geschehen läßt. Ja. Ich habe verstanden. So ist es gemeint. Wir sollen die Weiber nehmen. Wir sollen ihren Widerstand brechen. Nur so graben wir aus, was die Natur uns verliehen hat, die alles überspülende Lust.* (S. 207 f.)

Jasons Sätze belegen deutlich, dass es nicht das erste Mal gewesen ist, dass er eine Frau vergewaltigt hat. Dieses Verhalten lässt eindeutige Rückschlüsse auf seine Einstellung gegenüber Frauen zu und zeigt eine charakteristische Facette seiner Person.

Wie stark Jasons Abhängigkeit von seiner Frau gewesen ist, belegt sein Leben nach ihrer Verbannung: Er fristet sein Dasein fortan unter dem Rumpf seines vermodernden Schiffes (S. 216).

Agameda

Agameda ist die Tochter einer kolchischen Freundin von Medea. Nach dem Tod der Mutter nimmt sich Medea ihrer an. Agameda **empfindet ihr Äußeres als wenig attraktiv**, zwar hat sie schön geformte Augenbrauen, doch zu grobe Gliedmaßen, eine sehr große Nase, „ungeschlachte“ Hände und Füße, zu glattes Haar und zu schlaffe Brüste (S. 75 f.).

Doch sie entwickelt sich in Kolchis zu **Medeas begabtester Priesterschülerin**. Um nicht in den Verdacht zu geraten, sie anderen vorzuziehen, distanziert sich Medea von ihr (S. 84), was zur Folge hat, dass Agamedas Liebe und Verehrung für die Erzieherin langsam schwinden. Medea erteilt ihr während der Ausbildung zudem eine wichtige Lehre:

> *Du wirst eine gute Heilerin, Agameda. [...] Wenn du es lernst, dich zurückzunehmen. Ich heile nicht, [...] und du auch nicht, Agameda, etwas heilt mit unserer Hilfe.* (S. 70)

Nun schlagen die Empfindungen der Schülerin gänzlich in Hass um und sie wird **Medeas ärgste Feindin**. Agameda, die davon überzeugt ist, mit Medea als Heilerin auf einer Stufe zu stehen, steigert sich dermaßen in ihre Hassgefühle hinein, dass sie die ehemalige Lehrerin abhängig von sich sehen will, sie soll ihr „ewige Dankbarkeit“ (S. 70) schulden. Deshalb bemüht sich Agameda um Zugang zu Medeas Lager, als diese nach dem Fest bei Kreon mit Fieber daniederliegt, um sie zu heilen, doch Lyssa scheucht sie sofort aus dem Raum (S. 70).

Darüber hinaus zeigt die Jüngere extrem **ehrgeizige, neidische und intrigante Züge**; sie handelt ausschließlich egoistisch und materialistisch:

> *Daß sogar der Königspalast aus Holz sein soll, das konnten sie [die Korinther] nicht glauben, und sie bedauerten mich und bezahlten mich um so besser, je mehr sie mich bedauerten [...], schnell kam ich dahinter, schnell hatte ich die Kleider, die ich mir wünschte, [...].* (S. 71)

Intelligent, skrupellos, berechnend und schamlos unterhält Agameda gezielt **Affären mit Akamas und Presbon**, um diese Personen für ihre Zwecke zu benutzen. Sie weiß, dass sie mit der Denunziation Medeas alles auf eine Karte setzt, doch ist ihr jedes Mittel recht, um ihre Lehrerin am Boden zu sehen und selbst im Stadtstaat Korinth aufzusteigen. Zu spät erkennt Agameda, dass ein Akamas sich nicht einfach benutzen lässt, sie ist ihm an Schläue und Hinterlist nicht gewachsen. Nachdem der Hof sein Ziel erreicht hat, werden Presbon und Agameda umgehend aus der Stadt geschafft (S. 218).

Akamas

Rein äußerlich wird Akamas von Jason als ein Mann mit einem „großen hohlwangigen Kopf auf seinem merkwürdig schiefen Körper, an dem kein Gelenk zum andern passen will" (S. 41), beschrieben. Er fungiert als **erster Hofastronom von Korinth** und ist damit zugleich **wichtigster Ratgeber des Königs**. In dieser Position stehen Loyalität und Verschwiegenheit an erster Stelle und ziehen somit ein großes Maß an Isoliertheit und Einsamkeit nach sich (S. 114 f.), weshalb Akamas auch Leukon sein wahres Liebesglück neidet, während er selbst sich mit Affären begnügen muss (S. 159).

Medea stellt **für Akamas** generell eine **Ausnahmeerscheinung** dar, sie lädt der Hofastronom zu Beginn geradezu ein, seine Isolation zu durchbrechen, erscheint sie ihm, der sich seiner Menschenkenntnis rühmt (S. 109), doch als die ideale Gesprächspartnerin. Ihrem politischen Interesse entgegenkommend und ihrer Intelligenz Respekt zollend, weiht er sie sogar in das Staatswesen von Korinth ein:

> *Ich gab einer verqueren Regung nach und erklärte Medea, wie Korinth funktioniert, was auch bedeutete, sie nach und nach wissen zu lassen, auf welche Weise ich meine Macht ausübe, zu der gehört, daß sie unsichtbar bleibt und jedermann, besonders der König, fest überzeugt ist, er allein, Kreon, sei die Quelle der Macht in Korinth. Ich konnte dem Kitzel nicht widerstehen, die Einsamkeit und Verschwiegenheit, zu der ich verurteilt bin, zu durchbrechen und diese Frau, die nicht von unserer Welt ist, zu einer Art Vertrauten zu machen; [...]* (S. 113 f.)

Akamas' Haltung Medea gegenüber lässt zunächst in jeder Hinsicht **Bewunderung** erkennen (S. 111 ff.), Jason fängt sogar Blicke von Akamas zu Medea auf, die seine eigene Eifersucht schüren (S. 46). Doch je prekärer die Situation in Korinth wird, desto mehr distanziert sich Akamas wieder von Medea. Er vernichtet die Königstochter keinesfalls aus Hass, sondern ausschließlich, um seine eigene Position sowie letztlich sein Leben zu retten (S. 119 f.). Mit ihrem „wilden" und unangepassten Verhalten sowie ihren immer tiefer **bohrenden Fragen**, insbesondere hinsichtlich **Iphinoes Tod** (S. 116–120), provoziert die Kolcherin **Akamas** bis aufs Äußerste und macht ihn sich letztlich **zum Feind**.

Berechnend, machthungrig und in letzter Konsequenz menschenverachtend verfolgt Akamas seine Ziele, deklariert sein Verhalten jedoch als gerecht (S. 79) und bedauert scheinbar, dass gerade die jüngere Generation keine Skrupel mehr habe:

> *Diese Jüngeren kennen keine Skrupel, manchmal kommen sie mir vor wie junge wilde Tiere, die durch ein Dickicht streifen, mit geblähten Nüstern nach Beute schnüffelnd.* (S. 125)

Wie abgebrüht und inhuman Akamas handelt, zeigen besonders die Ereignisse **nach Medeas Verbannung**: Während König

Ludwig Feuerbachs Gemälde „Abschied der Medea" von 1870

Kreon unter der Last von Glaukes Selbstmord zusammenbricht, wittert **Akamas** nun seine Chance und **„beherrscht [...] das Feld"** (S. 216). Er allein ist es, der die Lügen um Medea spinnt und die Frau beim Volk für den Mord an ihren Kindern sowie für den Selbstmord Glaukes verantwortlich macht. Den Gipfel der Niedertracht bildet die Einführung des alle sieben Jahre stattfindenden Gedenkjahres. Durch diesen Ritus hält Akamas im Volk den Glauben an eine Lüge aufrecht, um selbst nie mehr in Verdacht zu geraten.

Glauke

Sie ist die jüngere Tochter des Königs Kreon von Korinth und seiner Gemahlin Merope. Sie ist durch die Vorgänge am Hof, besonders die „Opferung" der Schwester Iphinoe, **seit ihrer frühen Kindheit traumatisiert** und leidet unter epileptischen Anfällen. Nicht nur wegen der Krankheit, sondern auch wegen ihres Äußeren fühlt sie sich unattraktiv, ja hässlich. Ihr Haar ist dünn und schlaff, die Haut unrein und blass, ihre Glieder „linkisch" (S. 130). Ein unansehnlicher Hautausschlag (S. 140) führt obendrein dazu, dass die Menschen sich von ihr abwenden. Glauke weiß, dass die anderen am Hof sie für dumm halten: „sie sind so daran gewöhnt, mich für töricht, ja für blöde zu halten, daß sie in meiner Gegenwart ungeniert reden“ (S. 142). Doch sie ist klug genug, diese Situation für sich zu nutzen, indem sie bewusst naive Fragen stellt, um gezielt an Informationen über Medea zu gelangen. **Von Medea**, der fremden Königstochter und Heilerin, ist Glauke von Anfang an **fasziniert** (S. 133 f.). Deshalb vertraut sie sich ihr an, spricht zu ihr zunächst über ihren Ausschlag und ihre Krankheit (S. 136 f., 140 f.) und **offenbart** ihr schließlich **ihr Inneres**:

> *Der Frau [Medea] habe ich auch das erzählt [...]. Irgendein Geräusch auf dem Gang hatte mich aus dem Schlaf geschreckt, [...] und nun sah ich das Bild wieder vor mir, das ich so lange vergessen hatte, die Schwester, schmal, blaß, in einem weißen Kleid inmitten eines Trupps von Männern, Bewaffneten, das wunderte mich, zwei vor ihr, zwei, die sie in die Mitte genommen hatten und sie an den Oberarmen hielten oder vielleicht auch stützten, dicht hinter ihnen unsere Amme [...]. Und dann [...] drehte sich die Schwester um und lächelte. Sie lächelte so, wie ich mir immer gewünscht hatte, daß sie mich anlächeln möge, [...]. Dann den Schrei der Mutter. Wie ein Tier, das geschlachtet wird, [...].* (S. 147 f.)

Es ist Medea, die Glauke erstmals in ihrem Leben das Gefühl gibt, „ernst genommen“ zu werden (S. 136), weshalb Glauke auch bereitwillig ihre Hilfe annimmt. Sie ändert ihr Äußeres (S. 130), kleidet sich nicht mehr schwarz, sondern wählt auf Anraten die Farbe Blau (S. 131), fühlt sich attraktiv (S. 130). In dem hier für das 20. Jahrhundert in einem christlich-abendländischen Kulturkreis geschriebenen Text ist die Farbe Blau das Symbol für den Himmel, das Wasser, die Treue und, nicht zu vergessen, für die unendliche Sehnsucht (Novalis). Es handelt sich somit in jeder Hinsicht um Deutungsbezüge, die Christa Wolf bewusst eingearbeitet hat.

Nachdem König **Kreon** durch Akamas von Medeas Wissen um Iphinoes Tod erfahren hat, **untersagt** er strikt den **Kontakt zwischen Glauke und Medea**. Erst jetzt, als erwachsene Tochter, berührt der Vater sein Kind das erste Mal in seinem Leben (S. 132). Glauke deutet dieses Verhalten fälschlicherweise als Liebesbeweis des Vaters:

> *aber was Turon sagt, ist mir eigentlich gleichgültig, es geht mir nicht so nahe, wie mir die Verzweiflung des Vaters nahe gegangen ist, denn der maßlose Zorn, den er gegen mich gerichtet hat, kann ja nur aus Verzweiflung gekommen sein, nicht wahr, niemand hat ihn je so zornig gesehen, [. . .].* (S. 130)

Die Tochter schwankt zwischen dem Wunsch, **Vertrauen zum** König, ihrem **Vater**, haben zu wollen und ihrer **Zuneigung zu Medea**. Kognitiv entscheidet sie sich für den Vater, weil sie sich jahrelang nach seiner Liebe gesehnt hat. Zugleich weiß Glauke, dass sie Medea, der mit Wissen Glaukes Hausverbot erteilt worden ist, unrecht tut, wenn sie Medea vorwirft, sie nun ebenso im Stich zu lassen, wie es damals die eigene Mutter getan hat, als sie sich nach dem Tod Iphinoes ganz von ihrer Tochter zurückgezogen hat (S. 141). Doch emotional bekennt sich die Königstochter eindeutig zur Kolcherin, ihr letztes Wort, bevor sie wieder einmal einen epileptischen Anfall erleidet, lautet „Medea“ (S. 148).

Glauke soll mit Jason verheiratet werden, um ihm so zum Königsamt zu verhelfen und auf diesem Wege das patriarchalische Machtgefüge Korinths zu sichern. Für Glauke würde es sich sogar um eine Liebesheirat handeln, da sich die Königstochter doch bereits bei der Ankunft der Fremden vor vielen Jahren in den Helden der Argonauten verliebt hat (S. 133). Nachdem sie, zu Besuch bei den Kretern, sieht, wie Medea und Oistros sich hinter einen Vorhang zurückziehen, ist ihr klar, dass diese beiden ein Liebespaar sind und Jason damit frei wird für sie: „Ich konnte es kaum fassen: Jason war frei.“ (S. 145)

Nach Medeas Verbannung begeht Glauke in dem weißen Kleid, das Medea ihr geschenkt hat, **Selbstmord**, weil sie die Zusammenhänge und Ungerechtigkeiten gegenüber Medea durchschaut und sich als Einzige in Korinth zu den Untaten des Staates bekennt: „Es ist alles meine Schuld" (S. 129), obgleich sie selbst keinerlei Schuld trifft.

Leukon

Leukon ist nach Akamas der **zweite Sterndeute**r im Staat. Er, der „große, schlanke, etwas ungelenke Mensch mit dem ovalen Schädel, der wohl Spaß versteht, selbst aber keinen Spaß machen kann" (S. 17), zeichnet sich durch **hohe Fachkompetenz** aus. Seine Karriere ist weit weniger steil verlaufen als die von Akamas, weil er nicht gleichermaßen machtorientiert und skrupellos ist. Leukon strebt zwar Einflussnahme an, doch nicht um jeden Preis und „Preis" hat damals die „Opferung" von Iphinoe bedeutet:

> *Wer seine Hände gebraucht, muß sie in Blut tauchen, ob er will oder nicht. Ich will keine blutigen Hände haben.* (S. 153)

In dieser Beziehung ist Leukon weicher und nachgiebiger als Akamas, er bemüht sich um Verständnis für die Verhaltensweisen der Korinther, entschuldigt deren Vergehen ebenso rasch wie seine eigenen Fehler (S. 213). Der Astronom trennt für sich zwischen „humaner" Macht, einer Machtausübung zum Wohle des Volkes, und „inhumaner" Macht, die nur die egoistischen Herrschaftsbedürfnisse befriedigen will, wie dies Kreon und Akamas vorleben. **Seit dem Mord an Iphinoe**, bei dem Leukon als junger Mann aufseiten der Königin Merope gestanden hat, hat er sich **aus der eigentlichen Politik zurückgezogen** und widmet sich ausschließlich der Astronomie:

> *Was ich ihr nicht sage, ist, daß ich meine ganze Erfahrung, meine ganze Klugheit, meine ganze List zusammennehmen muß und auch jene Fähigkeit brauche, die sie [Medea] an mir*

> *verabscheut und die ich an mir nicht liebe, die Fähigkeit, zu schweigen und mich wegzuducken.* (S. 157 f.)

Leukon, so verdeutlicht das Zitat, **durchschaut** die einzelnen **Vorgänge am Hof** genau, er zeigt sich zuweilen kritisch, aber insgesamt angepasst. Er hält sich aus den Angelegenheiten sicherheitshalber heraus und bricht nur einmal Medea zuliebe aus seiner selbst auferlegten Zurückhaltung aus, als er, emotional aufgebracht, Akamas zur Rede stellt:

> *Ich war außer mir, endlich. Er [Akamas], schrie ich, er selbst habe den Pöbel angestiftet, und womöglich habe er ihn auch bezahlt. Dann erschrak ich. Natürlich hatte ich recht, das wußten wir beide, aber ich war zu weit gegangen.* (S. 164)

Letztlich zieht sich Leukon wieder in sein Schweigen zurück und versucht, wie früher, die unangenehmen Dinge zu verdrängen beziehungsweise zu vergessen (S. 157).

Das Leben im Palast, zudem nicht im Einklang mit den Herrschenden, macht auch ihn einsam. Zuneigung findet er deshalb nicht etwa am Hofe bei einer Einheimischen, sondern bei der Kreterin Arethusa (S. 159 f.). Ihr ist er in tiefer Liebe verbunden, weshalb er nach ihrem Tod den „hellsten Stern am Himmel, der noch keinen Namen“ (S. 211) hat, nach ihr benennt.

Leukons **Beziehung zu Medea** ist gekennzeichnet von **Bewunderung und Freundschaft** (S. 16, 159). Mit ihr diskutiert er nächtelang über Politik, Astronomie, Sitten, Riten, ihre beiden Völker sowie über die Menschen. Nach Arethusas Tod und Medeas Verbannung geht er vollends in die „innere Emigration“.

4 Ort

Die eigentliche Handlung des Romans spielt in Korinth. Da aber immer wieder auf Kolchis, den Heimatort von Medea, verwiesen wird, liegt es nahe, sich zunächst über die geografische Lage dieser beiden Stadtstaaten zu informieren. Die Karte zeigt Kolchis (heute Georgien am Kaukasus) und Korinth.

Karte von Kolchis und Korinth

Vergleich zwischen Kolchis und Korinth

Die Städte Kolchis und Korinth werden im Verlauf des Textes von den sechs Stimmen immer wieder miteinander verglichen. Die folgende Tabelle listet die **wesentlichen Unterschiede** auf:

Kolchis	Korinth
im Osten am „Ende der Welt" am Schwarzen Meer früher Matriarchat jetzt Patriarchat angeblich „barbarisch" Göttin Demeter (Göttin der Saaten, Fruchtbarkeit) Werte: Abstammung; der Mensch (Besitzdenken fehlt)	im Westen „zivilisierte" Welt Griechenland früher Matriarchat jetzt Patriarchat angeblich „zivilisiert" Göttin Artemis (Göttin der Jagd) Werte: Abstammung; Gold
Riten: – Tote in Bäumen – Frauen: Haare offen – Frauen entscheiden für sich – Frauen dürfen frei sprechen – Geburt als Fest – Frau als Sterndeuterin – Männer weinen	Riten: – Grabkammern – Haare gebunden – Frauen unter dem Schutz des Mannes – Männer sprechen für Frauen – Geburt kein Fest – Mann als Astronom – Männer verbergen Tränen
Herrschaftsstruktur: flacher	Herrschaftsstruktur: sehr differenziert, hierarchisch

Hierarchische Strukturen

Sowohl in **Kolchis** als auch in **Korinth** existieren **hierarchisch-patriarchalische Strukturen**, die die Machterhaltung der jeweiligen Könige gewährleisten sollen. Diese geben sich auf beiden Seiten unnachgiebig und machtgierig. In beiden Stadtstaaten wird ein Königskind „geopfert". Während sich in Kolchis eine Gruppe, darunter auch die Königin Idya und Medea, gegen diese Machenschaften zu wehren versuchen, ist der Staat **Korinth** seit der Ermordung von Iphinoe **streng durchstrukturiert und zentralisiert**. Manipulation und Propaganda durch den ersten Hofastronom Akamas beherrschen das Leben im Staat. Kritische Äußerungen gegen die Herrschaftsstrukturen werden nur toleriert, solange sie vereinzelt sind und die Säulen des Staates nicht erschüttern, was das Beispiel Medeas deutlich zeigt. Selbst Leukon, der in der Hierarchie recht weit oben steht, hat Angst, sich häufiger deutlich zu äußern (S. 164). So sind die Menschen in Korinth völlig unfrei, wohingegen sie in Kolchis noch eine gewisse Freiheit aufgrund einer liberaleren Regierungsweise gehabt haben. Diese Zustände liegen allerdings zum Zeitpunkt des Geschehens bereits mindestens zehn Jahre zurück.

Auch in der **Prunksucht** unterscheiden sich die Staaten: Kämpfte man in Kolchis noch gegen die zunehmende Prachtentfaltung an, wird sie **in Korinth** als **Statussymbol** gefördert.

5 Zeit

Die **Zeitkomponente** nimmt im Roman eine **herausragende Funktion** ein. Die sechs „Stimmen" des Romans (Medea, Jason, Agameda, Akamas, Leukon und Glauke) halten insgesamt **elf Monologe**. Hierin erzählen die Figuren zum Teil, was aktuell geschieht, doch zumeist wird aus der Rückschau, berichtet. Durch die **Retrospektive** werden dem Leser erzähltechnisch wichtige Einzelheiten und Begebenheiten nachgereicht. Dieses sehr nachhaltig eingesetzte Verfahren erschwert es, die Übersicht über den tatsächlichen Zeitablauf zu behalten. Die Zeitleiste auf der nächsten Seite verdeutlicht die Abfolge der einzelnen Geschehnisse.

Entgegen der in der Sekundärliteratur häufig zu findenden Aussage, das Buch sei achronologisch aufgebaut, gilt: **Die Handlung des Buches verläuft chronologisch.** Das beweist die Abfolge der „Stimmen" in der Zeitleiste.

Die Zahlen in den Kreisen auf der linken Zeitleiste entsprechen der Handlungschronologie. Innerhalb der zeitlich aufeinanderfolgenden Monologe gibt es Rückblicke. Diese reichen in der Tat unterschiedlich weit zurück und sind nicht chronologisch angeordnet.

Die zeitliche Struktur des Romans

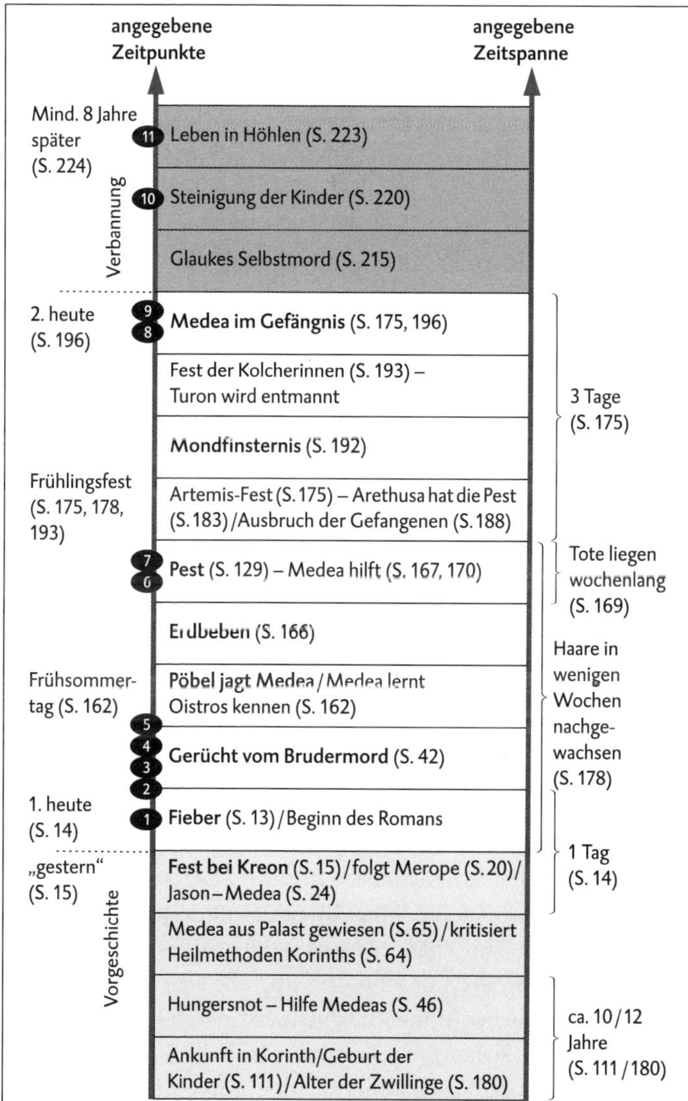

Die Zeitleiste setzt mit der Ankunft Jasons und Medeas in Korinth ein.

Das Leitmotto von Elisabeth Lenk, das Christa Wolf ihrem Text vorangestellt hat, mag hier irreführen. Denn aus der nur schwer nachzuvollziehenden zeitlichen Struktur, die eine Art „Unordnung" der Handlung vortäuscht, und dem ersten Wort des Mottos „Achronie" wird häufig vorschnell die Folgerung gezogen, es handele sich um ein nicht chronologisch aufgebautes Buch – ein Fehlschluss, wie die Zeitleiste beweist. Dem Motto des Romans folgend, **vernetzt die Autorin** vielmehr **unterschiedliche Epochen miteinander**, indem sie die antiken Urmythen mit den Erfahrungen des 20. Jahrhunderts vermischt.

Für Irritationen kann allerdings eine Stelle sorgen: Leukon berichtet, dass der Pöbel Medea an einem „**Frühsommertag**" (S. 162) durch die Stadt gejagt habe. Wenige „Wochen" (S. 178) später besucht Medea das „**Frühlingsfest**" (S. 175) der Artemis. Hier liegt offensichtlich ein **Zeitfehler** vor, wahrscheinlich ein Benennungsfehler (früher Frühlingstag).

Hinsichtlich der Zeitspanne, die zwischen der Tötung der Kinder und der Einführung des Opferjahres liegt, ist Arinnas Bericht wichtig. Sie sagt, als sie in die Höhlen kommt, „im siebten Jahre nach dem Tod [...]" (S. 224) und nicht „letztes Jahr" oder dergleichen. Daraus folgt, dass mindestens acht Jahre seit Medeas Verbannung vergangen sein müssen.

Das Buch umfasst somit von der Ankunft der Argo in Kolchis bis zum Höhlenleben einen **Zeitraum von über 20 Jahren** (Ankunft Jasons in Kolchis, Flucht, Entsühnung bei Kirke, Heirat auf Korkyra, Jolkos, Flucht nach Korinth – gleichzeitig Schwangerschaft Medeas, Zwillinge bei ihrer Tötung etwa zwölf Jahre, mindestens acht Jahre später Besuch Arinnas in den Höhlen).

Die „**erzählte Zeit**", also die Zeit, über die sich die eigentliche Handlung des Buches (ohne Rückblenden) erstreckt, beläuft sich, ausgehend vom Fieber Medeas bis hin zu ihrer Verbannung auf wenige Monate; hinzugerechnet werden muss die Höhlenszene nach etwa acht Jahren.

6 Erzählverfahren

Formale Gestaltungsprinzipien

Wie in Kapitel 5 bereits erläutert, folgt die Handlung in Korinth der Chronologie. Die Erinnerungen in den jeweiligen Berichten hingegen weisen (bis auf Medeas dritten Monolog) keine zeitliche Ordnung auf. Dies lässt sich sehr anschaulich bei den ersten Berichten Medeas und Jasons verfolgen (Kapitel 1 und 2).

Der Roman folgt, indem sechs Stimmen sprechen, dem Prinzip der Vielstimmigkeit, der **Polyphonie**, und dem der **Multiperspektivität**, indem aus sechs unterschiedlichen Blickwinkeln berichtet wird. Elf Monologe finden zu elf unterschiedlichen Zeitpunkten statt, verknüpft durch Mottos. Die Autorin arbeitet hier mit der **Montagetechnik**, indem sie unkommentiert die Reflexionen, Erinnerungen und Träume der Personen aneinanderreiht. Erst durch den Zusammenklang aller Stimmen vermag sich der Leser ein Bild von den Intrigen und Ereignissen in Korinth zu machen.

Christa Wolf lässt in ihrem Roman nicht Personen sprechen, sondern „**Stimmen**". Diese Bezeichnung verdeutlicht, dass die Tatsache der Physis im Text unbedeutend gegenüber der „Stimme" ist. Im Vorwort heißt es dazu: „Jetzt hören wir Stimmen." (S. 10) Es soll der Eindruck vermittelt werden, als handele es sich um Stimmen, die, im Gegensatz zu den Körpern, die Jahrtausende überdauert haben und deren Echo durch die Zeiten nachklingt. Zugleich wird hier eine Konstellation gewählt, die den Eindruck der Objektivität erweckt, da ein und dasselbe Ereignis aus der Sicht von sechs Personen berichtet und beurteilt wird. Dieser Anschein wird künstlich durch die Auswahl der „Stimmen" untermauert. Wie im Kapitel „Aufbau" (vgl. *Interpretationshilfe*, S. 27–29) besprochen, erteilt die Autorin – bis auf die Ausnahme von Glauke – paritätisch Kolchern und Korinthern, Freunden und Feinden, Frauen und Männern das Wort.

Jede Stimme erzählt ihre eigene subjektive Wahrheit, sodass in der Summe ein Näherungswert an die objektive, faktische Wahrheit erzielt wird. Damit vertritt die Autorin eine sehr moderne Denkweise: Es gibt keine Instanz, die allgemeingültig festlegen könnte, was wahr und was falsch ist. So wie Medea bei ihren Göttern keine Orientierungshilfen mehr findet, so verweigert Christa Wolf dem Leser allzu eindeutige, vorgegebene Urteile und Denkschablonen.

Den Stimmen werden **Monologe** zugeordnet. Durch das erzähltechnische Mittel des Selbstgesprächs erhält eine Figur die Möglichkeit, sich darzustellen und insbesondere ihr Inneres dem Leser offenzulegen. Ursprünglich handelt es sich hierbei um eine im Drama gebräuchliche Technik, die von Christa Wolf sehr virtuos eingesetzt und variiert wird. Es gibt reine „innere Monologe" wie den von Glauke, Monologe gegenüber einer lebenden, aber nicht anwesenden Person, wie bei Medea und ihrer Mutter. Daneben hält Medea innere Zwiesprache mit dem toten Bruder. Einige Stimmen, wie Agameda oder Akamas, wenden sich an den Leser und die Leserin. Dieses hoch komplizierte Geflecht von Monologen verbindet Christa Wolf mit Zitaten von antiken bis hin zu lebenden Autoren und Autorinnen, die sie als Mottos einsetzt. So suggerieren nicht nur die Stimmen eine überzeitliche Präsenz, sondern umgekehrt beanspruchen die als Leitspruch verwendeten Zitate ebenfalls eine Gültigkeit durch alle Zeitschichten hindurch. Durch die Kette von Monologen erhält der ganze Roman einen sehr reflexiven Zug. Die Stimmen versuchen Klarheit über Vorgefallenes zu gewinnen, fällen Urteile und suchen nach Strategien.

Obgleich das zu Beginn des Textes angeführte Register der „Stimmen" sowie der „anderen Personen" die Erwartung der Leser und Leserinnen auf die Gattung des Dramas lenkt, wählt die Autorin selbst die Bezeichnung „**Roman**". Hiermit soll zum einen auf die **Geschlossenheit des Werkes** in sich selbst hingewiesen werden, doch zum anderem durchaus auch auf die **Fiktionalität des Textes**, was wiederum Auswirkungen auf die Interpretation hat. *Medea. Stimmen* besteht zwar aus einer Montage von Einzelteilen, weist aber dennoch die typischen Merkmale eines Romans auf. Er zeigt, sehr allgemein formuliert, die Entwicklung eines Charakters oder mehrerer Figuren innerhalb eines Gesellschaftsgeflechts. Neben der Haupthandlung (Medea) verlaufen – allerdings recht schwach ausgeprägt – die Nebenhandlungen (Glauke, Agameda, Leukon, Akamas, Lyssa u. a.).

Die formalen Gestaltungsprinzipien des Romans *Medea* folgen demnach nicht der Willkür, sondern einem von Christa Wolf perfekt durchdachten Erzählprinzip.

Der Erzähler

Christa Wolf hat für ihren Roman die Erzählform eines **Ich-Erzählers** gewählt. Allerdings spricht nicht eine einzige Person, sondern es fungieren insgesamt **sechs „Stimmen"** abwechselnd als Ich-Erzähler.

Das Erzählverhalten des Textes ist eindeutig als **personal** zu bestimmen; daraus folgt, dass die Erzählperspektive des Erzählers die **Innensicht** ist, er kennt die Gefühle und Gedanken der jeweiligen Figur. Der sogenannte Standort des Erzählers ist, da er aus der Figur heraus das Geschehen betrachtet, **begrenzt**, das heißt klar an die subjektive Sichtweise der Person angepasst. Die Nähe beziehungsweise Distanz des Ich-Erzählers zum Geschehen schwankt je nach Person und Kapitel. So erweckt Jasons erster Monolog im zweiten Kapitel den Eindruck der Unmittelbarkeit, während er im neunten Kapitel einen etwas größeren Abstand zu den Ereignissen hat. Leukon teilt seine Berichte stets aus einer Distanz heraus mit; ist diese Distanz im siebten Kapitel besorgt zurückhaltend, so vermittelt sie im zehnten den Eindruck eines Mannes, der auf die Ereignisse zurückblickt und Bilanz zieht.

Symbole, Metaphern und Leitmotive

Der Romantext ist von einem dichten Geflecht von Symbolen, Metaphern und Leitmotiven durchzogen. Sie dienen der Autorin dazu, den Gehalt sowie die implizierten Aussagen zu vertiefen.

Viele dieser Symbole und Metaphern prägen das Werk von Anfang bis Ende, ihnen wird somit die Funktion eines **Leitmotivs** zugewiesen. So ziehen sich beispielsweise das Goldene Vließ, die Haare, die Hände, die Heilkunst und insbesondere der Brunnen, die „Menschenopfer" oder auch das weiße Gewand systematisch durch den gesamten Text. Diese Leitmotive sollten für die Interpretation genutzt werden, weisen sie doch auf wesentliche Zusammenhänge hin.

Die wichtigsten Symbole und Metaphern sowie ihre Bedeutung

Bäume	Feigenbaum *(Korinth; S. 13, 14, 24)*	heiliger Baum, Fruchtbarkeit, erotische Bedeutung
	Nussbaum *(Kolchis; S. 13)*	heiliger Baum, Fruchtbarkeit, Beständigkeit
	Olivenbaum *(S. 137)*	heiliger Baum mit göttlichem Segen
	Orangenbaum *(Korinth; S. 145)*	Reinheit, Jungfräulichkeit
	Pinienbaum *(S. 195)*	langes Leben, männliches Sexualsymbol
Brunnen	*(S. 15, 43, 136, 207, 215)*	Symbol des Lebens (Wasser), später auch der Läuterung
Götter	Hekate *(S. 45)*	Nacht-, Mond- und Unterweltgöttin
	Demeter *(S. 193)*	Göttin der Fruchtbarkeit
	Artemis *(S. 175)*	Göttin der Jagd
	Mondgöttin *(S. 176)*	Hekate
	Helion *(S. 176)* und Helios *(S. 149)*	Sonnengott (Bruder der Mondgöttin)
Goldenes Vließ		Ursprünglich ein Symbol der Rettung. Gott Hermes schickt der von ihrem Mann, König Athamas, verstoßenen Nephele einen geflügelten Widder mit goldenem Fell zur Rettung ihrer Kinder vor der bösen Stiefmutter. Später „nur noch" Symbol für Stärke und Reichtum.

Haare	*(S. 51, 63, 72, 100, 143, 166, 178)*	Aufgrund des Wachstums = Träger von Lebenskraft, bei Griechen auch Sitz des Lebens; wild wachsende Haare → auch Abwenden von Zivilisation; aufgelöste Haare → Begierde, Neid
Hände	Medea *(S. 15, 34, 44, 45, 50, 129, 136, 175)* Jason (S. 26, 27) Glauke *(S. 136, 148)* Turon *(S. 129, 132)* Oistros *(S. 177)* Leukon *(S. 153)*	(Hand = „Mittler zur Umwelt") „Macht", „Heil", „Kraft", „Segen"; „Rechtssymbol" (Antike: rechte Hand reichen = Übereinkunft)
Menschenopfer	*(S. 60, 96, 120, 148, 157, 189)*	Darbringung einer Menschengabe an die Götter, um selbst etwas zu erhalten.
Stier	*(S. 61, 121, 182, 185, 188)*	Symbol für die Zeugungskraft, Träger der Lebenskraft
Vogelnest	*(S. 50, 58)*	Symbol für Geburt, Familie, Geborgenheit (aber vorübergehend)
Weißes Gewand	*(S. 15, 25, 177, 178, 215, 216)*	Reinheit, Gewand der Priesterinnen

Sprache

Die sechs Stimmen unterscheiden sich **nicht** durch **unterschiedliche Sprachen**, wie man aufgrund der räumlichen Entfernung zwischen Kolchis und Korinth annehmen könnte, einen fremden Dialekt oder gar eine Sprachauffälligkeit, sondern interessanterweise wird von keinerlei Sprach- beziehungsweise Verstehensschwierigkeiten zwischen den „Barbaren" und den „Zivilisierten" gesprochen – obwohl die kolchische Sprache nicht mit der griechischen Sprache verwandt ist, sondern aus der kaukasischen Sprachfamilie stammt.[18]

Die Unterscheidungen innerhalb der Stimmen sind vielmehr in ihrer jeweiligen **Sprechweise** und ihrem **Tonfall** zu suchen.

Medea

Die Königstochter zeichnet sich durch eine **geschulte Ausdrucksweise** aus. Sie benennt Sachverhalte exakt und in kurzen, präzisen Sätzen: „Ruhig. Ganz ruhig, eins nach dem anderen. Besinn dich. Wo bist du. Ich bin in Korinth" (S. 14). Andererseits reiht Medea, wenn sie nachdenkt mehrere Sätze aneinander (Assoziationsketten):

> *Jetzt klirrt es wieder, es ist das Fieber, aber mir ist doch, als hätte ich an dieser Tafel gesessen, nicht gerade neben Jason, war das gestern, bleib hier, Mutter, woher kommt diese Müdigkeit, ich will nur noch ein wenig schlafen, [. . .].* (S. 14f.)

Medeas Tonfall ist in der Regel ruhig, beruhigend und überlegt; in zwei Monologen, gegenüber der Mutter und dem Bruder, benutzt sie die vertraute Anrede „Du" (S. 14, 91).

Jason

Er spricht betont **umgangssprachlich**, hat zum Teil eine „laxe" Ausdruckweise: „Das Weib wird mir zum Verhängnis. Als ob ich es nicht geahnt hätte." (S. 41) Sicherlich muss Jasons Herkunft berücksichtigt werden. Er ist zwar adeliger Abstammung, doch ist er in den Wäldern aufgewachsen und kehrt erst als Jüngling in seine Heimatstadt zurück (S. 55). Jason hält sich an die Tatsachen, er analysiert oder „philosophiert" nicht. Dementsprechend knapp und schlicht äußert er sich. Auch in seinem Sprachgebrauch erscheint Jason pragmatisch und nicht sonderlich tiefgründig.

Seine Sätze sind in der Regel kurz, ohne viele Adjektive. Häufig bilden diese kurzen Äußerungen eine regelrechte Verkettung. Es handelt sich zumeist um Feststellungen, manchmal Ausrufe, seltener um Fragen und Befehle:

> *Mir ist nicht wohl dabei, mir ist gar nicht wohl. Aber was weiß ich denn, was könnte ich denn sagen.* (S. 57)

Akamas

Der erste Hofastronom besticht durch eine geschulte, **rhetorische Ausdrucksweise**, die äußerst diplomatisch ist: „Für die Einwanderer sei er nicht zuständig." (S. 75) Er versteht es, unbemerkt Menschen zu manipulieren (dies zeigt sich z. B. bei der Hetzjagd auf Medea, der Umdeutung der Kindsmorde sowie dem Suizid von Glauke) und, wie bei Agameda und Presbon, sichere Suggestivfragen zu stellen: „Spioniert? [...] Aber wie denn, meine Liebe." (S. 75) Akamas beherrscht alle Sprachebenen, er erklärt sich eindeutig, äußert sich beleidigend und kann ebenso charmant wie zweideutig sein:

> *Wir standen uns als Feinde gegenüber. Bedauern darüber durfte in mir nicht aufkommen. Nur nicht gar so hochmütig. Nur nicht allzu selbstgewiß, meine liebe Medea, habe ich zu ihr gesagt.* (S. 119)

Glauke

Die Sprache der Königstochter spiegelt exakt ihr Verhalten wider. Glaukes Sprechweise zeichnet sich durch Ängstlichkeit und **permanente Unsicherheit** aus. Sie formuliert fragend, vorsichtig, die eigenen Sätze immer wieder zurücknehmend und revidierend. Entsprechend lang gestalten sich z. T. ihre Satzkonstruktionen:

> *Welcher Mann, und sei es der Vater, berührt gerne die blasse unreine Haut, das dünne schlaffe Haar [...]; mochte mich die Frau [Medea], deren Namen ich nicht mehr aussprechen will, auslachen soviel sie wollte, mochte sie mir Tricks beibringen [...], fast hätte ich mich wie irgendein anderes Mädchen gefühlt; das ist meine Schwäche, denen zu glauben, die mir schmeicheln, obwohl es nicht eigentlich Schmeichelei war, es war etwas anderes, es war raffinierter, [...].* (S. 130)

Geht es um scheinbare Feststellungen, so stehen sie zwar in einer Aufzählung, fallen aber ausgesprochen knapp aus:

> *Es ist alles meine Schuld. Ich habe gewußt, daß die Strafe kommen muß, ach, ich bin geübt im Bestraftwerden, [...].* (S. 129)

Leukon

Der zweite Hofastronom wird wie Akamas durch eine geschulte, **diplomatisch elegante Ausdrucksweise** charakterisiert. Er formuliert häufig uneindeutig, dies allerdings nicht aus Unwissenheit heraus, sondern aus Vorsicht, Angst und auch Rücksichtnahme. Darüber hinaus hat er mit Medea den Hang zum „Philosophieren“ gemein. Er macht sich viele Gedanken, beobachtet genau und versucht, dies in Sprache zu fassen. Er formuliert kaum verletzend, warnt verhalten. Auch er reiht wie Medea Assoziationsketten aneinander:

> *Zwischen all diesen entfernten Welten allein auf meiner Welt, die mir um so weniger gefällt, je genauer ich sie kenne. Und verstehe, ich kann es nicht leugnen. So sehr ich mich prüfe. So wenig ich wahrhaben möchte, was diese Prüfung ergibt, ich finde keine einzige der Untaten der letzten Zeit, deren Zeuge ich war, bei der ich nicht beide Seiten verstanden hätte.* (S. 211)

Agameda

Wie bei Glauke spiegelt bei der Kolcherin Agameda die Sprache perfekt die Persönlichkeit wider, denn Agameda hält es nicht für nötig, sich verbal zu verstellen. Ihr **Duktus ist klar und sicher**. Sie formuliert präzise bis hin zu geschickten, zweideutigen Äußerungen. Agamedas Ausführungen sind stets gut strukturiert. Sie baut ihre Sätze nicht zu lang und formuliert, anders als alle anderen, äußerst direkt. Sie ist ausgesprochen schlagfertig und extrem ich-bezogen, was die ständige Benutzung des Personalpronomens „Ich“ unterstreicht:

> *Ich habe es geschafft. Ich habe sie blaß werden sehen. Die richtigen Worte kamen mir unverhofft, […]. Ich habe sie die Hände heben sehen, […].* (S. 69)

7 Zentrale Aspekte des Romans

Stoffgeschichtlicher Aspekt

Das Wort „**Mythos**“ stammt aus dem **Griechischen** und bedeutet „**Wort**“, „**Rede**“ oder „**Erzählung**“[19], also nicht „Schrift“ oder „Geschriebenes“. Gustav Schwab ersetzt den griechischen Begriff „Mythos“ durch das aus dem Althochdeutschen kommende Wort „Sage“, was sich von „Saga, das Gesagte, das mündlich Tradierte“ herleitet und betitelt seine überaus erfolgreiche Übersetzung der griechischen Mythen mit *Sagen des klassischen Altertums*.

Bei einem Mythos oder einer Sage handelt es sich um Erzählungen von Göttern, Heroen und Ereignissen aus vorgeschichtlicher Zeit, in denen sich die Weltauffassung der damaligen Menschen spiegelt. Die Mythen sollen die Welt erklären und das Irrationale rechtfertigen. Auch die moderne Zeit kennt Mythen, indem sie besondere Menschen oder Ereignisse verklärt oder dämonisiert (z. B. J. F. Kennedy oder den 11. September 2001)[20].

Der **Medea-Mythos** ist sehr alt, seine Entstehung wird für das 14. Jahrhundert v. Chr. angenommen.[21] Im strengen Sinne kann auch **nicht von „dem“ Mythos** gesprochen werden, denn es **existieren viele** sich zum Teil überschneidende und auch widersprechende **Erzählungen** über die Argonauten sowie Jason und Medea.[22] Schon Homer (um 8. Jh. v. Chr.) erwähnt die Argo in seiner Odyssee als sagenumwobenes Schiff ebenso wie Hesiod (700 v. Chr.). Eumelos (ca. spätes 8. Jh. bis frühes 7. Jh.) bringt mit seiner *Korinthiaka* eine für Korinth und Medea bedeutende Variante ein, in der Jason durch Medea König von Korinth wird. Die frühen Geschichtsschreiber Hekataios (550 bis ca. 485 v. Chr.) und Pherekydes von Athen (5. Jh. v. Chr.) verarbeiten diese Überlieferungen ebenfalls in ihren Werken. Pindar (518 bis ca. 438 v. Chr.) erzählt die Geschichte von Jason und Medea in der 4. Pythischen Ode. In der Regel variieren die Überlieferungen nicht nur bei der Ausschmückung der Heldentaten, sondern auch in Bezug auf die Art und Weise, wie Absyrtos ums Leben kommt, ob und wie der Vater von Jason verjüngt wird sowie hinsichtlich des Schicksals von Kreusa/ Glauke und ihrem Vater König Kreon. Aber alle **uralten Mythen** stimmen darin überein, dass **nicht Medea ihre Kinder getötet hat**, diese wurden von den Korinthern ermordet.

Erst der griechische Dichter **Euripides** (480 oder 485 bis 406 v. Chr.) formte die Gestalt der **Medea zur Kindsmörderin** um, als er im Jahre 431 v. Chr. für einen Wettbewerb in Athen die gleichnamige Tragödie schrieb, für die er den 3. Preis erhielt.

Paul Cézannes Gemälde „Medea ermordet ihre Kinder" (1879–1882)

Die Medea-Version des Euripides

Marmorbüste des Euripides

Der Leser/Zuschauer wird durch den Prolog des Dramas zwischen Medeas Amme und dem Hofmeister der Kinder in die aktuelle Situation eingeführt.

Jason und Medea befinden sich bereits in Korinth und haben zwei Kinder miteinander. Während Medea Jason noch liebt, hat dieser seine Frau verstoßen, um die Königstochter Kreusa zu heiraten. König Kreon weiß um Medeas Zauberkünste und will sie sicherheitshalber vor der Hochzeit in die Verbannung schicken. Medea erreicht in einer großen Bittszene, dass ihre Ausweisung um einen Tag hinausgeschoben wird. In dieser verbleibenden Zeit kommt es zu zwei Aussprachen zwischen Medea und Jason. In dem letzten Gespräch verstellt sich Medea, unterdrückt ihren Hass auf Jason und das korinthische Königshaus, zeigt sich scheinbar einsichtig hinsichtlich Jasons Verhalten, doch in Wirklichkeit schmiedet sie Rachepläne. Sie lässt der Braut durch ihre Kinder ein **vergiftetes Gewand** schicken, das, als Kreusa es anlegt, in Flammen aufgeht. Die Königstochter sowie der ihr zu Hilfe eilende Vater sterben. Um Jason vernichtend für seinen Liebesverrat zu strafen, **tötet Medea ihre Kinder**. Während Jason verzweifelt zurückbleibt, schickt der Sonnengott **Helios Medea einen Drachenwagen**, auf dem sie entschwindet.

Obgleich vom damaligen Publikum nicht favorisiert, hat sich gerade Euripides' Version der Medea, einer durch Jasons liebloses und berechnendes Verhalten tief gekränkten und sich brutal rächenden Ehefrau, durch die Jahrtausende hindurch tradiert. Diese Version ist es auch, die im 3. Jahrhundert v. Chr. Apollonius Rhodius übernommen hat, dessen Text unter anderem als Basis für das Werk von Gustav Schwab gedient hat.

Stationen der Medea-Rezeption

Bis heute entstanden über 200 Medea-Bearbeitungen[23], wovon hier lediglich einige wichtige aufgelistet werden, die die Tradierung vom Griechischen ins Römische und dann Deutsche zeigen:

ca. 14. Jh. v. Chr.	Ur-Mythen	
8. Jh. v. Chr.	Homer erwähnt die Argo	
8./7. Jh. v. Chr.	Eumelos: Korinthiaka	
6. Jh. v. Chr.	Pindar: 4. Pythische Ode	
431 v. Chr.	**Euripides** (Tragödie)	
3. Jh. v. Chr.	Apollonius Rhodios	
43 –17 n. Chr.	Ovid (Tragödie)	
41– 49 n. Chr.	Seneca (Tragödie)	
1820	Franz Grillparzer (Trauerspiel)	
1926	Hans Henny Jahnn (Tragödie)	
1950	Elisabeth Langgässer (Roman)	
1963	Sylvia Plath (Gedicht)	
1977	Helga Novak (Gedicht)	**Freispruch für Medea**
1996	**Christa Wolf** (Roman)	
2007	Heike S. Mayer (Roman) (Freispruch vom Kindsmord)	

In die seit 1963 anhaltende Strömung der Rezeptionsgeschichte, Medea von den bis heute als äußerst brutal geltenden Kindsmorden zu entlasten, ist auch Christa Wolfs Roman *Medea. Stimmen* einzureihen. Darüber hinaus spricht die Autorin Medea sowohl von der Bluttat an ihrem Bruder Absyrtos sowie vom Mord an Glauke frei. Aus diesen Ergebnissen darf allerdings nicht vorschnell geschlossen werden, dass die Autorin in ihrem Werk eine „reine, unschuldige" Medea konzipiert hätte. Medea bei Wolf weiß um die Bürde ihrer „Schuld" (vgl. S. 14).

Unterschiede: Euripides – Argonautensage/Schwab – Wolf

Thema	Euripides	Argonauten/ Schwab	Wolf
Medea sofort verliebt	ja	ja	nein → auf Argo
Medea verhilft Jason zum Vließ	ja	ja	ja
Medeas Brudermord	ja	ja	nein → Furien
Heirat Jason – Medea	ja	ja	ja
Jason verlobt mit Kreusa/Glauke	ja	ja	nein
Kreusa/Glauke tot	ja	ja	ja
Kreusa/Glauke von Medea ermordet	ja	ja	nein → Selbstmord
Tod Kreons	ja	ja	nein → Rückzug
Medeas Verbannung	ja	ja	ja
Anzahl der Kinder von Jason und Medea	2	3	2
Medea tötet Kinder	ja	ja	nein
Medea verliert Glauben	nein	nein	ja
Schluss	Drachenwagen	Drachenwagen	Höhlen-Exil
Textart	Drama	Erzählung	Roman

Politische und gesellschaftliche Aspekte

Ein Ost-West-Roman?

Bei der Betrachtung von Kolchis und Korinth ist bereits auf die politischen Strukturen der jeweiligen Stadtstaaten eingegangen worden (vgl. *Interpretationshilfe*, S. 53 f.). An dieser Stelle soll untersucht werden, inwieweit sich Kolchis und Korinth als Metaphern für Ost- beziehungsweise Westdeutschland deuten lassen.

Die geografischen Angaben der jeweiligen Lage mit Osten und Westen trifft auf die beiden früheren deutschen Staaten zu. Ebenso sind die Lebensverhältnisse in der ehemaligen DDR bescheidener gewesen als in der Bundesrepublik.

Nun heißt es im Text, dass Korinth den Wert eines Menschen nach dem Besitz an Gold bemesse (S. 36 f.). Auf Kolchis wird in diesem Zusammenhang lediglich in der Rückschau eingegangen:

> *Wir in Kolchis waren beseelt von unseren uralten Legenden, in denen unser Land von gerechten Königinnen und Königen regiert wurde, bewohnt von Menschen, die in Eintracht miteinander lebten und unter denen der Besitz so gleichmäßig verteilt war, daß keiner den anderen beneidete oder ihm nach seinem Gut oder gar nach dem Leben trachtete. Wenn ich [Medea], noch unbelehrt, in der ersten Zeit in Korinth von diesem Traum der Kolcher erzählte, [...].* (S. 93)

Dieses Zitat belegt, dass es den Idealzustand, der Mensch sei ausschließlich nach seinen charakterlichen Qualitäten beurteilt worden, in Kolchis lediglich in Ansätzen und vor sehr langer Zeit gegeben hat. Denn Medea spricht in diesem Zusammenhang von einer „Legende“ und einem „Traum“. In Bezug auf die deutsch-deutsche Geschichte bedeutet dies, die „uralten Legenden“ als Anspielung auf die Utopie des Marxismus zu verstehen, die im Sozialismus der DDR nur sehr unvollkommen verwirklicht worden ist.

Zu dem Zeitpunkt, als Medea mit den Gefolgsleuten ihren Staat verlassen hat, herrschten bereits andere, bedrückende Verhältnisse, denn sonst wären sie nicht fortgegangen. Machtgier (Aietes, Agameda, Presbon), Ungerechtigkeiten (Medea gegenüber Agameda), Neid und Missgunst (Agameda und Presbon) waren an der Tagesordnung. Verhältnismäßig viele Kolcher folgen Medea in eine ungewisse Zukunft, weil sie die Zustände in Kolchis einfach nicht länger ertragen. **Der Schluss**, in der **BRD/ Korinth** werde der Mensch, dem Wesen des Kapitalismus entsprechend, nach seinem Besitz, in der **DDR/Kolchis** dagegen, gemäß den Idealen des Sozialismus, nach seinem inneren Wert beurteilt, **ist ein Trugschluss**. Vielmehr gilt: In beiden Staaten hat die Regierung den Wert des Menschen „an sich“ und sein

Wohl aus den Augen verloren. Über allem steht **die „Staatsräson“**, die mit dem uneingeschränkten Willen der Regenten, die eigene, patriarchalische Macht zu sichern, gleichzusetzen ist.

Die Korinther bezeichnen sich als **„zivilisiert“**, während sie die Kolcher als **„Barbaren“** ansehen. In diesen Äußerungen eine Parallele zum häufig herablassenden Verhalten vieler Westdeutscher gegenüber den DDR-Bürgern zu sehen, liegt nahe, darf allerdings keinesfalls zu pauschalen Analogisierungen verleiten.

Überhaupt muss, was den Ost-West-Bezug anbelangt, äußerst differenziert verfahren werden; auf keinen Fall darf der Text eins zu eins auf die deutschen Staaten übertragen werden. Es handelt sich lediglich um **allgemeine Anspielungen**, von denen **einzelne auf die DDR, manche auf die BRD zutreffen**.

Ebenso wie die erörterten Gesichtspunkte illustrieren die nachstehenden Punkte, dass eine pauschale Gleichsetzung zwischen Romantext und den historischen Staaten unmöglich ist – es finden sich zu viele Aspekte, die in der historischen Realität keine Entsprechung haben, wie beispielsweise das Rollenverhalten der Geschlechter, die Gewaltbereitschaft der Kolcherinnen, die Starrsinnigkeit der Könige Aietes und Kreon, die Götter- und Ritualdarstellungen (also die Göttin Hekate [Kolchis/DDR] für Fruchtbarkeit und die Göttin Artemis [Korinth/BRD] für Jagd). Von einer derartigen Verallgemeinerung müssen ferner ausdrücklich die Aspekte Matriarchat und Patriarchat ausgenommen werden, weshalb sie in einem eigenen Abschnitt behandelt werden.

Matriarchat und Patriarchat

Neben der Darstellung der unterschiedlichen Ehen und Paarbeziehungen, so beispielsweise Medea – Jason, Aietes – Idya, Kreon – Merope, Medea – Oistros, Leukon – Arethusa oder auch Agameda mit Presbon und Akamas, werden im Roman überdeutlich die gesellschaftlichen Strukturen des **Matriarchats und Patriarchats** angesprochen.

In **beiden** antiken **Staaten** existierten **ursprünglich matriarchalische Regierungsformen**. Das Kolchis der Zeit Medeas wird bereits patriarchalisch regiert, doch hat sich ein Rest der alten Strukturen insofern erhalten, als die Frauen zum Beispiel hier für sich selbst einstehen können (S. 100) und nicht „unter dem Schutz eines Mannes" stehen müssen (ebd.). Neben dem Priesteramt üben sie auch andere Berufe aus, wie den der Astronomin. Darüber hinaus versuchen die Königin Idya sowie ihre Töchter Chalkiope und Medea, aktiv die Politik zu beeinflussen. Sie treffen sich mit anderen Unzufriedenen im Tempel, was beweist, dass im Stadtstaat **Kolchis eine Opposition noch möglich** gewesen ist.

Dies stellt sich im „zivilisierten" **Korinth** anders dar: Die **patriarchalische** und absolute **Herrschaftsform** ist bis in die untersten Ebenen des Volkes durchgesetzt worden. Alle wichtigen Positionen werden von Männern bekleidet. König Kreon, das hat er mit König Aietes gemein, will mit aller Macht das Patriarchat aufrechterhalten, weil er Männer prinzipiell höher achtet als Frauen. Aus diesem Grund soll Glauke Jason heiraten, der durch diese Verbindung das Anrecht auf die Herrschaft erwirbt, denn der Thron soll sich von nun an stets an den männlichen Nachfolger vererben. Für Kreon stellt eine Frau, die dem Mann geistig ebenbürtig oder gar intelligenter ist als er, die größte Gefahr überhaupt dar. Damit Frauen erst gar nicht zu einer Bedrohung werden können (wie ehemals Iphinoe), müssen ihnen die Aufstiegsmöglichkeiten von vornherein verwehrt werden. Sie werden deshalb frühzeitig unterdrückt – der Mann spricht für die Frau und stets zuerst (vgl. S. 75). Die Frauen verhalten sich schließlich wie „gezähmte Haustiere" (S. 18) und stehen angeblich unter männlichem Schutz. Christa Wolf **prangert** hier die **patriarchalische Kultur an**, die sich über Jahrtausende ausgeprägt hat, **ohne** jedoch im Text eine **matriarchalische** als Gegenmodell **zu postulieren**. Das verdeutlicht unter anderem die brutale Entmannungsszene des Turon (S. 194 f.) durch die rasenden Kolcherinnen. Zwar dringt Turon unbefugt am höchsten Festtag, der Feier der Göttin Demeter, in den heiligen Hain ein und muss für sein Verbrechen, die Göttin der Fruchtbarkeit entweiht zu haben, entsprechend bestraft werden, doch die sich in Trance befindenden Frauen reagieren überzogen. Ihr Verhalten stellt keine Alternative zu den bestehenden Strukturen dar, sondern ist ein Zeugnis für den sich in diesem kultischen Freiraum entladenden und seit langer Zeit aufgestauten Hass gegenüber ihrer erniedrigten Situation in Korinth. Medea distanziert sich von ihren Geschlechtsgenossinnen, sie rettet ihrem Feind, der sie selbst ohne zu zögern töten würde, bewusst das Leben, weshalb sie selbst letztendlich gefangen genommen wird. Mit ihrem Handeln stellt Medea das „Humanum" in den Vordergrund, jene Menschlichkeit, von der Christa Wolf sagt, gerade sie stehe im Mittelpunkt ihres Erzählens.[24]

Medea vor dem Kindsmord
Wandbild aus Pompeji

Am Ende des Buches leben die Frauen entweder ärmlich in den Höhlen (Kolcherinnen) oder noch drastischer unterdrückt (Korintherinnen), eine Lebensart, die ebenfalls keinen Vorbildcharakter aufweist.

Die Analyse der **männlichen Figuren** zeigt, dass **nicht alle** gleichermaßen **patriarchalisch** denken, so Leukon, Oistros oder auch Jason. Um nicht zu polarisieren, sondern sämtliche unterschiedlichen Einstellungen zur Macht und zum Zusammenleben der Geschlechter darzustellen, hat Christa Wolf ihr Personal in dieser Weise differenziert. Um derartige Nuancen herausarbeiten zu können bedurfte es der **Neuschaffung von geeigneten Figuren** beziehungsweise „**Stimmen**".

So ist Lyssa nicht mehr die Amme, sondern im gleichen Alter wie Medea, wodurch das Zwillingsmotiv anklingt. Eine Ziehschwester erteilt andere Ratschläge als eine ältere Person, außerdem lässt Lyssa in Kolchis einen geliebten Mann zurück. Lyssa handelt in jeder Beziehung eigenständig und selbstbestimmt, ausgehend von der Organisation der Flucht von Kolchis bis hin zur Kritik an ihrer Ziehschwester (Artemis-Fest) und ihrer eigenen Entscheidung, Medea in die Verbannung zu folgen.

Toleranz – Sündenbocktheorie – Menschenopfer

Neben politisch-gesellschaftlichen Problemen spricht das Buch eindeutig sozial-moralische Fragen, wie die der **Toleranz fremden Kulturen gegenüber**, an. In dem hierarchisch durchorganisierten Korinth rangieren die Kreter noch vor den Kolchern, wobei hierfür keine Begründung geliefert wird. Doch werden die Kreter nicht als „Barbaren" eingestuft, stammen sie doch aus dem „zivilisierten" benachbarten minoischen Raum. Die Toleranz in Korinth gegenüber den Asylanten ist zwar nicht sehr ausgeprägt, doch dürfen sie weiterhin ihre eigenen Feste feiern. Auch Medea kleidet und benimmt sich jahrelang so, wie sie es aus ihrer Heimat gewohnt ist. Sehr lange wird akzeptiert, dass sie ihre Haare offen trägt, anstatt sie der korinthischen Sitte nach mit einem Tuch zu bedecken (vgl. S. 72 f.). Allerdings hat Medea als Adelige einen besonderen Stand und kann eher Ausnahmen von der Regel für sich beanspruchen. Insgesamt werden in Korinth Andersartigkeiten und Kritik solange toleriert, wie sie nicht überhandnehmen oder, wie bei Medea, die inneren Strukturen des Staates angreifen. An diesem Punkt endet die Duldung schlagartig und man entledigt sich des Widersachers, indem man sie/ihn sofort unschädlich macht. Merope und auch Glauke unterliegen einer Art Hausarrest, Leukon ist durch die Mordtat an Iphinoe seit Jahren eingeschüchtert, Agameda und Presbon werden, als sie gefährlich zu werden drohen, außer Landes gebracht (vgl. S. 218).

Bei der intelligenten Königstochter stellt sich die Lösung schwieriger dar, weil Medea, bis dahin sehr beliebt im Volk und als eine Art „Anführerin“ angesehen, die Strukturen und Machenschaften der absoluten Staatsführung durchschaut hat und mit ihren bohrenden Fragen und eindeutigen Hinweisen auf den Mord an Iphinoe die Machthaber Kreon und Akamas irritiert und in Angst versetzt. Medea ist, auch wenn sie „nur“ eine Frau ist, zu bekannt und beliebt, um sie zum Zeitpunkt der Entdeckung des Kinderskeletts einfach einzusperren. Ein solches Verhalten würde beim Volk Aufsehen erregen, hat doch Medea bis „gestern“ an der Tafel des Königs gespeist. In diesem Zusammenhang ist Akamas' spätere Äußerung von Bedeutung: „Ich lernte, daß keine Lüge zu plump ist, als daß die Leute sie nicht glauben würden, [...]“ (S. 122 f.). Hier kommt ihm das durch privaten Hass begründete Angebot Agamedas und Presbons gelegen, das Gerücht des Brudermordes, das mindestens zwölf Jahre zurückliegt, völlig grundlos wieder aufleben zu lassen (ganz nebenbei zeigt diese Stelle, dass die Kolcher den Korinthern in Bösartigkeit in nichts nachstehen). Auf diese „plumpe Lüge“, die außerdem in Korinth nicht nachprüfbar ist, lässt Akamas weitere Verleumdungen folgen – so sei Medea die Verursacherin der Pest, die Anführerin der kolchischen Frauen beim Demeterfest, die Schuldige an Glaukes Tod sowie als Krönung der Diffamierungen die Mörderin ihrer eigenen Kinder.

Systematisch wird die zuvor als exotisch wie reizvoll wahrgenommene **Königstochter** in die Außenseiterrolle gedrängt und schließlich **zum Sündenbock abgestempel**t.

Die **Sündenbockmetapher** stammt aus der Bibel, also einer Zeit weit nach den geschilderten Ereignissen. Insofern sind die Personen, wenn sie sich auf die Sündenbockmetapher berufen, „verchristlichte“ Figuren.[25] Die Metapher findet sich im 3. Buch Mose, Kapitel 16, Vers 6 folgende und Vers 20 folgende[26]:

Und der HERR redete mit Mose und sprach:
„6Und Aaron soll einen Stier, sein Sündopfer, darbringen, daß er für sich und sein Haus Sühne schaffe, 7und danach zwei Böcke nehmen und vor den HERRN stellen an der Tür der Stiftshütte 8und soll das Los werfen über die zwei Böcke: ein Los dem HERRN und das andere dem Asasel 9und soll den Bock, auf welchen das Los für den HERRN fällt, opfern zum Sündopfer.
10Aber den Bock, auf welchen das Los für Asasel fällt, soll er lebendig vor den HERRN stellen, daß er über ihm Sühne vollziehe und ihn zu Asasel in die Wüste schicke.
[...] 20Und wenn er die Entsühnung des Heiligtums vollbracht hat, der Stiftshütte und des Altars, so soll er den lebendigen Bock herzubringen. 21Dann soll Aaron seine beiden Hände auf dessen Kopf legen und über ihm bekennen alle Missetat der Israeliten und alle ihre Übertretungen, mit denen sie sich versündigt haben, und soll sie dem Bock auf den Kopf legen und ihn durch einen Mann, der bereitsteht, in die Wüste bringen lassen, 22daß also der Bock alle ihre Missetat auf sich nehme und in die Wildnis trage; und man lasse ihn in der Wüste.“

Der „HERR“, also Gott, gebietet den Juden, dass sie einen Ziegenbock mit ihren eigenen Sünden beladen, dieser soll anschließend ihre „Missetaten“ in die Wüste tragen, dort verbleiben und so das Volk entsühnen.

Nach diesem Zitat ist ein **Sündenbock** derjenige, der gezwungen wird, obgleich **selbst unschuldig**, die Sünden eines anderen oder mehrerer Personen auf sich zu nehmen. Er wird im übertragenen Sinne wie der Ziegenbock „in die Wüste geschickt“. Direkt vor der Verbannung wird Medea auf eben diese Art durch die Stadt und schließlich vor das Tor getrieben. Für ihre Verurteilung berufen sich die Korinther sozusagen auf eine höhere Macht, um sich selbst reinzuwaschen. Aufgeladen worden sind Medea neben dem angeblichen Brudermord die Sünden Korinths: die Lügen über den Kindsmord, der Tod Glaukes, die Entdeckung des Mordes an Iphinoe, das Erdbeben, das Ausbrechen der Pest, letztlich die Verantwortung für die Entmannung Turons.

Im Zusammenhang mit der **Sündenbocktheorie**[27] soll hier die sogenannte **mimetische** (= nachahmende) **Theorie** von **René Girard** (geb. 1923) skizziert werden, da Christa Wolf seine Schriften genau studiert hat und für zwei Mottos (Kapitel 7 und Kapitel 8) aus seinem Werk *Das Heilige und die Gewalt*[28] zitiert.

Zunächst stellt der Kulturanthropologe und Literaturwissenschaftler fest, dass jede Gesellschaft aus einem „Gründungsopfer" hervorgegangen ist.[29] Innerhalb der Gesellschaft baut sich nach und nach, beispielsweise durch Ungleichheit, Eifersucht oder Neid, Gewalt auf. In archaischen Systemen existieren nun bestimmte Normen, um die Gewalt nicht eskalieren zu lassen. So wird beispielsweise die Gewaltspirale unterbrochen, indem einmütig ein Mensch als schuldig angesehen und dann als Sündenbock „geopfert" wird. Diese Tat reinigt die Gruppe, der Sündenbock selbst wird von ihnen vergessen, die Homogenität der Gruppe ist wiederhergestellt und sie kann danach ihr Leben normal weiterführen. Das „Heilige" des Prozesses besteht nicht in der Reinigung an sich, sondern in der Wiederherstellung der Einigkeit innerhalb der Gruppe zum Wohlgefallen eines Dritten, der Götter oder des „Göttlichen". Mit der – wenn nötig – Wiederholung der Opferung eines Sündenbocks definiert sich in der Gruppe eine Art Ritus oder Kult.

Auf Wolfs Medea bezogen heißt das zunächst: Beide Staaten haben ihr „Gründungsopfer" und mit ihm wird jeweils die patriarchalische Herrschaftsstruktur initiiert. Doch die Mechanismen laufen etwas anders als bei Girard beschrieben: Nicht das

Volk, die Gruppe, sucht sich den Sündenbock, den es für etwas verantwortlich macht, sondern Medea wird von Akamas systematisch dazu aufgebaut. Hier „entlädt" sich also nicht ein Gewaltpotenzial, das innerhalb der Gruppe entstanden ist, sondern die Gruppe wird manipuliert. Insofern ist Medea bedingt ein Sündenbock im Girard'schen Sinne. Nach seiner Theorie sind zudem alle in der Gruppe von der Schuld des Sündenbocks überzeugt, nur deshalb kann es sich überhaupt um eine „heilige" Reinigung handeln. Doch dies ist bei Wolf nicht der Fall, Agameda, Presbon, Kreon und allen voran Akamas wissen, dass **Medea unschuldig** ist, wiederum wird das **Volk manipuliert**.

Während das einfache Volk Medea schließlich als Sündenbock benutzt, handelt es sich bei Medeas „Opferung" in Wirklichkeit um ein „**Bauernopfer**" zum Zwecke der Staatsräson.

Insofern macht auch das alle sieben Jahre wiederkehrende Ritual im Tempel Sinn. Der Sündenbock, der seinen Zweck erfüllt hat, wird, wenn er geopfert worden ist, bei Girard vergessen. Doch bei Wolf wird für Medea extra eine Art „Mahnmal" errichtet. Es wird damit immer wieder aufs Neue an eine Tat erinnert, die vor den Göttern längst entsühnt worden ist. Dies geschieht, um das angebliche Vergehen immer wieder ins Bewusstsein des Volkes zurückzuholen und die Menge damit von der eigentlichen Schuld der Verantwortlichen abzulenken. In diesem Sinne vermischen sich bei Wolf archaische Kultriten mit abendländischen Moralvorstellungen.

Nach Girard müsste die Opferung des Sündenbocks die Eintracht im Sozialgefüge wiederherstellen, doch ist in Korinth das Gegenteil der Fall: Auch Medeas Kinder werden noch ermordet, der Unfriede nimmt sogar weiter zu.

Bezeichnenderweise ist es eine Frau, die als Schuldige gebrandmarkt wird – ein Vorgang, der Medeas Tante Kirke zufolge ganz typisch für die patriarchalische Ordnung ist:

Weißt du, was sie suchen, Medea? fragte sie [Kirke] mich. Sie suchen eine Frau, die ihnen sagt, daß sie an nichts schuld sind;

daß die Götter, die sie zufällig anbeten, sie in ihre Unternehmungen hineintreiben. Daß die Spur von Blut, die sie hinter sich herziehen, zu ihrem von den Göttern bestimmten Mannsein gehört. [...] Aber Verzweiflung ertragen sie alle nicht, zum Verzweifeln haben sie uns [Frauen] abgerichtet, einer muß ja trauern, oder eine. (S. 102)

Wie das Thema Sündenbock, so zieht sich auch das eng hiermit verknüpfte Leitmotiv des **Menschenopfers** wie ein roter Faden durch das Buch. Während in Kolchis Absyrtos von den Furien ermordet worden ist, heißt es in Korinth immer, Iphinoe sei „geopfert" worden. Neben diesen wirklichen Tötungen ist auch Medea im übertragenen Sinn ein „Menschenopfer". Ein Mensch, hier die Königstochter, wird symbolisch geopfert, „fallengelassen", stigmatisiert, indem man ihn mit den Vergehen der anderen belädt und „ausschaltet", um selbst rein dazustehen.

Die historische Anspielung auf die Stigmatisierung und Verfolgung der Juden im Dritten Reich sowie der Gegenwartsbezug zu der faktischen Ausgrenzung von Asylanten oder den Überfällen und Hetzjagden auf diese Bevölkerungsgruppe ist an dieser Stelle unübersehbar.

Biografischer Aspekt

Es kommt nicht von ungefähr, dass Kolchis und Korinth immer wieder mit der DDR und der BRD gleichgesetzt werden. Christa Wolf hat sich nach ihrer Flucht und ihrer Schulzeit bewusst für die Ostzone entschieden, um einen sozialistischen Staat mit aufzubauen. Von Beginn an hat sie sich sehr engagiert und aktiv bei diesem Neubeginn eingebracht, hat Karriere gemacht, bis sie nach einer kritischen Rede, 1965, nicht mehr für das Zentralkomitee kandidiert hat. Auch wenn Kolchis und Korinth für sich stehen, meldet sich hier doch eine Schriftstellerin zu Wort, die sich zunehmend kritisch mit ihrem eigenen Land, der DDR, auseinandergesetzt hat – darin ähnelt sie Medea. Beispielhaft sei hier die Biermann-Affäre aus dem Jahre 1976 angeführt. Mit dem Roman *Medea. Stimmen*, der 1996 erschienen ist, schaut eine ehemalige DDR-Autorin mit einem Abstand von knapp sieben Jahren auf ihr früheres Land sowie, nach der Wiedervereinigung, auf das neue Land. Dabei ist die Eingliederung der DDR in die BRD keinesfalls der Wunsch von Christa Wolf gewesen. Im Gegenteil, sie hat sich, zusammen mit anderen Intellektuellen, mehrfach in den Medien und auch in ihrem bekannten „Aufruf für unser Land" vom 26. November 1989 gegen eine Vereinnahmung der DDR durch die BRD ausgesprochen. Aus der Distanz von einigen Jahren bringt sie einzelne Erfahrungen und Erkenntnisse mit in den fiktionalen Text ein.

Dennoch muss nochmals darauf hingewiesen werden, dass eine Eins-zu-eins-Übertragung nicht angebracht und nicht haltbar ist (vgl. *Interpretationshilfe*, S. 69–71).

8 Interpretation von Schlüsselstellen

Kapitel 1: Medeas Fiebertraum

Das erste Kapitel des Romans erfüllt zwei Funktionen. Zunächst wird der Leser in die Medea-Handlung eingeführt und erfährt, dass Medea und Jason sich bereits in Korinth befinden. Die Ereignisse der Argonautenfahrt mit der Eroberung des Vließes liegen demnach bereits Jahre zurück.

Dennoch wählt Christa Wolf keine einführende Exposition, sondern beginnt sozusagen „in medias res". Medea hat „gestern" (S. 15) das Fest bei König Kreon besucht, in der Nacht darauf erleidet sie den **Fieberanfall**, mit dem die Autorin einsetzt. Erzähltechnisch soll dieser Monolog, genau genommen eine **Du-Rede** an die in Kolchis lebende Mutter, den Spannungsbogen aufbauen. Um die Situation für den Leser verständlich zu machen, muss die Autorin erst einmal zurückblenden. Diese **Rückschau** erfolgt in zwei Schüben.

Zunächst berichtet Medea vom Fest bei Kreon und ihrer Entdeckung des Skeletts der Iphinoe. Dies wiederum löst eine Erinnerung an eine wesentlich weiter zurückliegende Episode aus, von der anschließend bruchstückhaft erzählt wird, nämlich der Ankunft der Argonauten bis hin zur Flucht von Kolchis.

Für die Handlungsebene ist es von entscheidender Bedeutung, dass die **Erzählung** nicht mit einem gewöhnlichen Tag, sondern mit einer **außergewöhnlichen Begebenheit einsetzt**, dem Finden des Totenschädels. Medea und Jason leben seit mindestens zehn Jahren (vgl. das Alter der Kinder) im Asyl in Korinth. Während dieser Zeit hat sich das Verhältnis zwischen Medea und König Kreon sowie seinem ersten Beamten, dem Hofastronom Akamas, deutlich verschlechtert. Saß Medea früher bei Festen mit Jason in der Nähe des Königs, so hat man dieses Mal Jason zwar neben Kreon platziert, sie, obgleich eine Königstocher, allerdings an das unterste Ende der Tafel gesetzt (S. 15), was einer eindeutigen öffentlichen Herabsetzung gleichkommt. Medea fühlt sich durch den König in ihrem Rang und Stolz (S. 20) verletzt und von ihrem Mann Jason, der dergleichen zulässt, verraten. Aus Rache provoziert sie beide, indem sie sich mit dem zweiten Hofastronom Leukon angeregt unterhält (S. 16 f.).

Medea und Jason, so wird deutlich, verstehen sich zu diesem Zeitpunkt nicht mehr, haben sich entfremdet. Sie wohnen getrennt; Jason besucht seine Frau und die beiden Jungen später in dem „Vogelnest“, wie die Königstochter ihre bescheidene Bleibe nennt. Medea hat ihrem Mann „gestern“ lediglich ein letztes Mal (vgl. S. 14) einen Gefallen getan und ist zum Fest des Königs erschienen. Ihr zwischen Mitleid und Geringschätzung schwankendes Verhalten gegenüber Jason schlägt sich in ihrem herablassenden Ton nieder, wenn sie von ihm als „mein armer Jason“ (vgl. S. 20) spricht.

Obgleich Medea ihrer Mutter im Fiebergespräch erzählt, König Kreon könne sie nicht mehr kränken (S. 15), verlässt sie allerdings letztendlich, ebenso wie die Königin Merope, sein

Festessen aus verletztem „Stolz“ (S. 20). Wie von einem Sog erfasst, folgt sie der Königin verbotenerweise in die geheimen Gänge. Medea hat, solange sie in Korinth lebt, Königin Merope „kaum je zu Gesicht bekommen [...]“ (S. 18), erkennt jedoch augenblicklich, „mit jenem Zweiten Blick“ (S. 19), jenem „Zweiten Gesicht“ (S. 19), das sie von frühester Zeit an als ausgewählte Priesterin und Zauberkundige auszeichnet, dass es mit dieser Königin eine besondere Bewandtnis hat. Medea wird in den verborgenen Gängen des Palastes Zeugin des noch immer unaussprechlichen Schmerzes der Königin:

> *Dann hörte ich den Ton. Er hielt länger an, als ein Mensch Atem hat, ein kaum hörbares, doch durchdringendes Winseln, das konnte auch ein Tier sein, aber es war kein Tier.*
> *Es war die Frau. Es war Merope.* (S. 21)

Allein die Aneinanderreihung der stakkatoähnlichen Sätze und die Beschreibung des unglaublichen „Winselns“, das von einem Tier zu kommen scheint, belegen die Erschütterung Medeas. Sie ertastet die „Einkratzungen“ (S. 23) in den Wänden sowie den kindlichen Schädel (S. 23) und erkennt in diesem Moment, dass der Staat **Korinth auf eine „Untat“** (S. 23) **gegründet** ist.

Das Begreifen dieser Untat und das Entsetzen hierüber lösen eine zweite Stufe der **Erinnerung**, nämlich an den Tod des Bruders **Absyrtos**, aus:

> *Seit ich die Knöchelchen dieses Kindes betastet habe, erinnern sich meine Hände an jene anderen Knöchelchen, die ich dem König, der uns verfolgte, von meinem Fluchtschiff aus zugeworfen habe, laut heulend, das weiß ich noch.* (S. 34)

Es bedarf an dieser Stelle nicht nur des Kombinationsvermögens des Lesers, um zu erkennen, dass Medea in diesem Zusammenhang ihren Bruder meint, sondern diese Formulierungen zeigen, dass Medea von den Ereignissen um die Königin Merope geradezu überrollt worden ist. Bezeichnenderweise reagiert ihr Körper auf ihre schreckliche Entdeckung mit einem Fieberschub. Medea ist in diesem ersten Kapitel nicht in der Lage, den Namen des Bruders auszusprechen. Dies erfolgt erst in ihrem zweiten Monolog (Kapitel 4).

Lediglich in Anspielungen ist zu erfahren, dass es damals um die Zufriedenheit der Familie und des Volkes mit der eigenmächtigen Politik des Königs Aietes nicht gut bestellt gewesen ist. Bekannte Ereignisse der Handlung lässt die Autorin Medea in ihrem Fiebertraum lediglich andeuten, so die **Ankunft der Argonauten und die Eroberung des „Goldenen Vließes"**. Während der brutale Brudermord wie all die Jahre hindurch in diesem ersten Kapitel von Medea noch weitgehend verdrängt wird, erinnert sich Medea an die Ankunft der Argonauten und den Helden Jason, wodurch erzähltechnisch die Fakten nachgeliefert werden. Wir erfahren Jasons Veränderung von einem eher „täppischen" (S. 35) Mann in einen sicheren Seefahrer sowie die Bedeutung des Vließes. Die Argonauten sind ausgezogen, um das sagenumwobene, sprechende und goldglänzende Widderfell, das einst der Gott Hermes zur Errettung von Kindern geschickt hat, nach Jolkos zurückzubringen. Ausschließlich Medeas Zauberkünsten hat Jason den Erfolg seiner Mission zu verdanken. Die Freude über den Sieg ist groß, doch schier außer sich sind die Argonauten, als sie erfahren, dass das eroberte Fell deshalb so glänzt, weil es in Kolchis auch zur Goldgewinnung eingesetzt worden ist (S. 36).

An dieser Textstelle bricht Christa Wolf den **Mythos**, indem sie eine wesentliche Komponente verändert. Das „Goldene Vließ", der Inbegriff des Mystischen und „Symbol männlicher Fruchtbarkeit" (S. 49), wird durch einen Kunstgriff schlagartig **entmystifiziert**, indem bekannt wird, dass es bei den Kolchern profan zur Goldgewinnung benutzt worden ist. Die Argonauten interessieren sich ab diesem Moment nur noch für das Gold in Kolchis, das ihnen, weil sie sich bereits auf der Flucht befinden, verwehrt bleibt. Das Vließ selbst dient Jason lediglich noch als mitgebrachter Beweis für seinen Onkel, um sein Anrecht auf den

Thron zu untermauern. Mit dieser Umdeutung verlässt Christa Wolf die tradierten Pfade und legt den Grundstock für ihre individuelle, **moderne Interpretation des Medea-Mythos**: Weder für die Menschen in Kolchis noch für die in Korinth gelten demnach weiterhin die überlieferten, ideellen, heiligen Werte; an ihre Stelle sind rein materielle Güter getreten.

In ihrem Fiebertraum erinnert sich Medea besonders an die **Verabschiedung von ihrer Mutter**, die in die Überlegungen der Opposition genau eingeweiht gewesen ist und so gegen ihren eigenen Mann gearbeitet hat. Ihre Abschiedsworte zu Medea lauten: „Werde nicht wie ich, [...]" (S. 35). Das bedeutet nichts anderes als die Aufforderung der Mutter an Medea, sich als Frau nicht in gleicher Weise von ihrem Gemahl niederkämpfen zulassen, wie es ihr widerfahren ist. Die Mutter Idya hat versucht, einlenkend auf ihren Mann einzuwirken, hat sich seinem Handeln schließlich heimlich widersetzt, sich allerdings nicht öffentlich von ihm distanziert, weil sie, was nachzuvollziehen ist, die Konsequenzen gescheut hat.

Annette Huber als Medea in der Bühnenfassung des Theaters Pan.Optikum (2007)

Nicht umsonst erinnert sich Medea: „ihr Blick brannte mir ein Wort ein, das ich vorher nicht kannte: Schuld." (S. 14) Und **Schuld** meint hier den Vorwurf der Mutter gegen sich selbst und Medea, sich nicht energisch genug dem Unrecht des Königs von Kolchis widersetzt zu haben, obwohl es erkennbar gewesen ist.

Diese Abschiedsszene zwischen der Mutter und ihr wird für Medea später ebenso zum Antrieb wie die ähnlich lautenden Sätze ihrer Tante Kirke (S. 101–103). Es gibt einen Moment, ab dem Medea sich zu ihrer Einstellung und Überzeugung bekennen muss und will, und dies nicht nur innerlich, wie die Mutter, sondern auch öffentlich, wie Kirke (S. 103). Medea wird später sagen: „Ich will es jetzt wissen." (S. 98) Christa Wolf benennt in diesem ersten Kapitel bereits die Gründe, warum Medea später so und nicht anders handeln wird. Hat sie beim Tod des Bruders eine direkte Konfrontation mit dem König aus Angst noch vermieden, so steht sie diesen Kampf mit dem König von Korinth durch. Sie lässt nicht nach, ist bei Weitem nicht die Ahnungslose, für die Akamas sie hält (S. 109) und sucht kein anderes Asyl, solange noch Zeit ist, sondern konfrontiert die Regierenden direkt mit ihrem Mordvorwurf, wohl wissend, was letzten Endes die Konsequenzen sein werden. Damit hat sie die Forderung der Mutter, nicht so zu werden wie sie, eingelöst.

Kapitel 6: Glauke

> *Es ist alles meine Schuld. Ich habe gewußt, daß die Strafe kommen muß, [. . .].* (S. 129)

Mit diesen Worten beginnt das Glauke-Kapitel. Wie bereits erläutert (vgl. *Interpretationshilfe*, S. 27 f.), bildet dieses sechste Kapitel den Mittelteil des Romans. Hier weist Christa Wolf einer Person in einem zentralen Kapitel eine Stimme zu, die bei Euripides überhaupt nicht zu Wort kommt, sondern lediglich erwähnt wird. Es ist ausgerechnet diese kranke, den meisten lästige und kaum beachtete junge Frau, die für „blöde" und „töricht" gehalten wird, die – außer Medea – ein **Unrechtsempfinden** hat und Schuld für etwas übernimmt, das sie nicht im Geringsten verursacht hat. Weder Jason, Agameda, Akamas noch Leukon fühlen sich jemals schuldig für etwas, im Gegenteil, sie finden für sich selbst immer Ausreden und Entschuldigungen. Der Zeitpunkt von Glaukes Äußerung fällt mit dem Ausbruch der Pest zusammen (S. 129). Dem vorausgegangen sind das wirkungsvoll in Umlauf gebrachte Gerücht über Medeas Brudermord, der Zorn des Königs Kreon über die Vertrautheit zwischen Glauke und Medea, die Hetzjagd auf Medea durch die Stadt sowie das Erdbeben. Für all dies glaubt Glauke verantwortlich zu sein, sodass die Frage gestellt werden muss, welch schweres Verbrechen sie begangen hat, dass sie meint, derart büßen zu müssen. Ihre unverzeihliche Tat, so Glauke, bestehe darin, dass sie sich Medea anvertraut, ihr die persönlichsten Geheimnisse mitgeteilt und ihr schließlich auch von Iphinoe erzählt habe.

In ihrem jetzigen Zustand **schwankt Glauke** verstandes- wie gefühlsmäßig **zwischen dem König**, ihrem Vater, **und Medea**. Glaubt sie dem Vater, so muss sie Medea von sich weisen und verdammen. Die Tatsache, dass der Vater seine erwachsene Tochter zu diesem Zeitpunkt erstmals berührt hat, interpretiert Glauke fälschlicherweise, aber sehr verständlich, als Liebesbeweis:

> *aber was Turon sagt, ist mir eigentlich gleichgültig, es geht mir nicht so nahe, wie mir die Verzweiflung des Vaters nahe gegangen ist, denn der maßlose Zorn, den er gegen mich gerichtet hat, kann ja nur aus Verzweiflung gekommen sein, nicht wahr, niemand hat ihn je so zornig gesehen, ich kann mich nicht erinnern, daß er mich je vorher berührt hätte, er hat es vermieden, mich zu berühren, das habe ich immer verstanden.* (S. 130)

Konsequenterweise folgt aus dieser Auffassung, dass Medea eine Verräterin ist, die sich bei Glauke eingeschmeichelt und sie lediglich für ihre Zwecke benutzt hat. Die Freude über die erstmalige Berührung des Vaters lässt bei Glauke alle **positiven Er-**

fahrungen mit Medea verblassen, obgleich sie nur durch diese Frau gelernt hat zu lachen, über den Hof zu gehen, sich feminin zu kleiden und sich selbst mit der Krankheit zu akzeptieren. Nur der Heilerin Medea ist es mit ihren psychologisch feinfühligen Gesprächen gelungen, der traumatisierten Königstochter ein Stück weit zu helfen. Nach dem Besuchsverbot für Medea interpretiert Glauke ihr Verhalten, sich mit dieser Frau eingelassen zu haben, als schweren Fehltritt, hänge Medea doch der „schwarzen Magie" (S. 130) an. Entsprechend heftig fällt die Strafe der Götter aus, die das Erdbeben und mit ihm die Pest schicken. Die Königstochter Glauke, die sich ohnehin nicht mit Medea messen kann, fühlt sich von der „Unseligen" (S. 135) hintergangen und spricht wie Agameda von Hass: „Ich hasse sie." (S. 141)

Doch tief im Innern zweifelt Glauke ihre eigenen Aussagen an. Ihr Gefühl sagt ihr, dass Medea es war, die sie ernst genommen hat (S. 136), durch ihr Wirken hat Glauke sich wohler gefühlt, hat sich ihr Ausschlag deutlich zurückgebildet. Glaukes Hass resultiert vielmehr aus der Tatsache, dass sie Medea beschuldigt, sich abrupt von ihr abgewandt zu haben. Medea wird, das ist Glauke verstandesmäßig klar, von ihrem Vater dazu gezwungen. Dennoch ist es das zweite Mal für Glauke, dass sie in einer existenziellen Situation von einer Minute auf die andere **von der wichtigsten Bezugsperson verlassen** wird. Glauke, die krampfhaft nach Zuneigung sucht, will dem Vater glauben, weil sie Medea nicht mehr glauben darf. Dass **Glauke** letztendlich ausschließlich **Medea vertraut**, beweist das Ende des Kapitels. Die Königstochter erleidet erneut einen epileptischen Anfall und ruft niemand anderen zu Hilfe als Medea: „hilft mir denn keiner, fängt mich denn keiner auf, Medea." (S. 149)

Der Glaube an Medea wird durch den späteren Selbstmord Glaukes unterstrichen. Entsprechend der Bedeutung ihres Namens – die Helle, Glänzende – strahlt Glauke letztlich als diejenige, die sich auf Medeas Seite stellt und wie sie das Unrecht in

Korinth, die Ermordung ihrer Schwester Iphinoe, anklagt. In diesem Zusammenhang kommt dem **Symbol des Brunnens** besondere Bedeutung zu. Während sich Medea und Glauke noch treffen dürfen, sitzen sie „am anderen Ende des Palasthofes im Schatten des uralten Olivenbaumes“ (S. 137). Glauke hat erstmals mit Medeas Hilfe den gefürchteten Platz überquert. Auf diesem Hof trafen sich die Eltern nach der Hinrichtung Iphinoes und Glauke wurde Zeuge der vor Schmerz rasenden Mutter (S. 138). Seitdem hat sie diesen Platz nicht mehr überqueren können, obgleich sie dieser Ort auch an die schönen Stunden erinnert, die sie hier mit ihrer Mutter verbracht hat. So, wie man einen Eimer an einem Seil in den Brunnen hinunterlässt, um ihn mit Wasser zu füllen, hat Medea Glauke immer ein Stückchen mehr Seil zugeworfen (S. 137), um sie „hinabzulassen“, das heißt, Glauke ihre Erinnerung wiederfinden zu lassen. Der Brunnen steht für das **Unterbewusste**, in das sie mit Medeas Beistand hinabsteigt, das verdrängte Wissen, dem sich Glauke stellen muss, will sie gesund werden. Er ist gleichermaßen ein Symbol für das **Leben und die Reinheit**. Glauke erlangt ihre „Unschuld“ wieder, indem sie sich zu ihrer Erinnerung bekennt. Dass Glauke unschuldig ist, belegt der von Christa Wolf im Hintergrund positionierte Olivenbaum. Wer unter einem Ölbaum, der das Göttliche und den Frieden symbolisiert, sitzt, kann nur „rein“ sein. Hierin ist der tiefere Grund dafür zu suchen, dass sich Glauke, mit einem „weißen Gewand“ bekleidet, bei ihrem Selbstmord ausgerechnet in den Brunnen stürzt.

Kapitel 11: Medea in den Höhlen

Medea ist es nach der Verbannung offensichtlich gelungen zu überleben. Die treue Lyssa hat Medea begleitet. Seit Jahren hausen sie mit anderen Frauen, die sich damals nach der Strafexpedition (S. 195) gerettet haben, in den Höhlen und führen ein sehr hartes Leben, sodass Arinna, die eines Tages kommt, ihre Mutter kaum wiedererkennt (S. 223). Die Tochter berichtet, dass

Medeas Söhne ermordet worden sind und dass in Korinth die Sitte eingeführt worden ist, nach der alle sieben Jahre sieben Knaben und sieben Mädchen für ein Jahr im Tempel der Hera verweilen müssen. Dreierlei fällt auf:

Erstens: Die **Korinther rächen sich an Medea**, indem sie dieses **Ritual** einführen. Doch Medea ist diejenige gewesen, die als „Sündenbock" beziehungsweise „Bauernopfer" die Sünden der Korinther auf sich genommen und in die Wüste getragen hat. Mit dieser neu eingeführten Sitte wollen die Machthaber Korinths, nun ausschließlich Akamas, demnach von ihrer eigenen Untat, dem Mord an Iphinoe und Medeas Söhnen, ablenken.

Zweitens: Medea hatte am Tag der Verbannung die Kinder mit voller Absicht in den Hera-Tempel gebracht: „Sie [Hera] solle diese Kinder schützen, da sie, die Mutter, es nicht mehr könne." (S. 214) Ausgerechnet im **Tempel der Göttin Hera**, die für die Ehe und die Geburt einsteht, sind Medeas Kinder von den Korinthern ermordet worden. Es reicht Akamas jedoch nicht, das Gerücht ausgestreut zu haben, Medea habe ihre eigenen Kinder ermordet, sondern er krönt seine Inhumanität mit der neuen Verunglimpfung, sie habe den Kindermord an einem besonders heiligen Ort begangen, womit Medeas „Tat" noch brutaler und skrupelloser erscheint, als sie es ohnehin schon gewesen wäre. Die Rachezeremonie der Korinther bezeugt das Ausmaß ihrer Angst vor der mutigen Frau, der Priesterin und Zauberin Medea sowie den Grad ihrer eigenen Verlogenheit.

Dies leitet über zum dritten Punkt: Hat Medea in der Phase der Gerüchte und der Urteilsfindung „fassungslos" (S. 103) vor soviel Verrat und Brutalität gestanden, es aber mit der Angst entschuldigt, die Kreon und Akamas vor der Lüftung des Staatsgeheimnisses hatten, so empfindet sie nach der Einführung der neuen Rituale nur noch Abscheu vor solch einer Verruchtheit. Um dauerhaft die eigene Schuld vergessen zu machen, geht man nicht den Weg des „Sich-nicht-mehr-erinnern-Könnens" (wie eben in den anderen archaischen Völkern), sondern die Verantwortlichen manipulieren das Volk erneut. Das raffinierte wie differenzierte Vorgehen der Mächtigen lässt sich auch als Anspielung auf die „moderne" Gesellschaft verstehen. Immerhin war Christa Wolf, bevor sie den Roman schrieb, selbst zum Opfer einer medialen Hetzkampagne geworden.

Sie führen eine Tradition ein, die garantiert, dass sich für alle Zeiten jede Generation wieder neu an die Frau erinnert, die fähig gewesen ist, ihre eigenen Kinder zu ermorden. Voller Hass werden sich die Menschen stets aufs Neue von Medea abwenden und niemand wird nach der Wahrheit fragen.

Nicht als Königstochter, nicht im Namen der Götter, sondern aus sich heraus, als zauberkundige Medea und Mutter zweier toter Kinder, **verflucht sie deshalb die Verantwortlichen**. Sie verwünscht nicht das Volk, sie verschont sogar Jason, den sie offensichtlich für zu schwach hält, aber sie verflucht namentlich: „Akamas. Kreon. Agameda. Presbon." (S. 224) Erzähltechnisch gesehen handelt es sich hierbei nicht um eine Aufzählung. Nach jedem Namen folgt ein Punkt, ein Punkt, der für die Endgültigkeit dessen steht, was gemeint ist. Ein Fluch mit einer derartigen Wortgewalt und Nachhaltigkeit ist das Schlimmste, was einem Menschen der archaischen Zeit widerfahren konnte. Mit der Hinwendung zur Macht des Fluches geht Wolf zeitgeschichtlich vor die „verchristlichte" Medea, also in die Urzeit zurück.

> *Wohin mit mir. Ist eine Welt zu denken, eine Zeit, in die ich passen würde. Niemand da, den ich fragen könnte. Das ist die Antwort.* (S. 224)

Resigniert stellt die Medea der Vor-Antike in ihren letzten Sätzen fest, dass sie **niemanden hat, an den sie sich in ihrer Not wenden kann**, weil, und dies ist der einzig mögliche Schluss, die Welt durch alle Zeiten hindurch, bis in die aktuelle Epoche hinein, so inhuman und verlogen ist, wie Medea es am eigenen Leib erfahren hat.

Wirkungsgeschichte

Christa Wolfs Roman *Medea. Stimmen* wurde zunächst im Dezember 1995 als Teil-Vorabdruck in der *Zürcher Weltwoche* und Anfang Februar 1996 in der Wiener Zeitung *Der Standard* veröffentlicht, bevor der Text Ende Februar desselben Jahres als Buch erschien. In nur wenigen Monaten verkauften sich von dem Roman 100 000 Exemplare.[30]

Während das Werk im Ausland ausgesprochen positiv aufgenommen wurde – es gab bislang Übersetzungen in 27 Sprachen, löste es in der deutschen Presse eine heftige, kontrovers geführte Diskussion aus, die sich jedoch weniger mit dem Inhalt als mit der Autorin sowie ihrer Rolle als ehemalige DDR-Schriftstellerin beschäftigte. Die Ursachen für ein derartiges Medienverhalten sind einige Jahre früher zu suchen.

Zunächst veröffentlichte Christa Wolf im Jahre 1990, dem Jahr nach der „Wende", die Erzählung *Was bleibt*, einen Text, den sie ursprünglich 1979 verfasst und kurz nach dem Mauerfall noch einmal überarbeitet hatte. Er beschreibt das Leben einer Schriftstellerin, die von der Staatssicherheit der DDR observiert wird. Dies führte im gerade wiedervereinigten Deutschland zum sogenannten **„Literaturstreit"**[31], da die Rezensenten vieler großer Zeitungen und Zeitschriften in der Ich-Erzählerin des Buches Christa Wolf selbst sahen, die durch diesen Text ihre eigene Person während der DDR-Zeit in ein politisch und menschlich zu positives Licht zu rücken schien.

Der Streit verschärfte sich, als Christa Wolf 1993 als **„Inoffizielle Mitarbeiterin"** (IM) der Staatssicherheit (Stasi) enttarnt wurde. In den Medien fand daraufhin eine regelrechte **Rufmordkampagne** gegen die ehemals renommierte Autorin statt.

Christa Wolf selbst bekannte sich zu den Vorwürfen, von März 1959 bis Oktober 1962 als „IM" gearbeitet zu haben. Sie ließ allerdings noch im selben Jahr als eine der ganz wenigen überführten Inoffiziellen Mitarbeiter ihre gesamte Stasi-Akte veröffentlichen (vgl. *Interpretationshilfe*, S. 8).

Um den – aus ihrer Sicht ungerechtfertigten – Verunglimpfungen durch die Presse zu entgehen, zog sich die Schriftstellerin eine Weile aus der Öffentlichkeit zurück. Erst **nach längerer Pause** meldete sich Christa Wolf im Jahre 1996 mit einem neuen Prosatext, dem **Roman „Medea. Stimmen"**, zurück. Noch aufgebracht von den Vorgängen des Literaturstreits der vergangenen Jahre, interpretierten die Rezensenten den Roman in der Regel schlicht autobiografisch, sahen in Medea eine Christa Wolf, die sich „reinwaschen" wollte und setzten Kolchis und Korinth ohne Zögern mit der DDR und der BRD gleich.

Erst etwa fünf Jahre später begann sich dieses Bild langsam zu verändern. Die Literaturkritik konzentrierte sich nun auf den Inhalt des Romans und weniger auf die Autorin.

In der Folgezeit entstanden von Christa Wolfs Roman *Medea. Stimmen* **Hörspiel- und Theaterfassungen**, so z. B. die Bühnenadaptionen am Theater Freiburg durch das „Aktionstheater Pan.Optikum" (2007) und am Berliner Ensemble (2008). Auch die **bildenden Künste** setzten sich aufgrund dieses Textes erneut mit dem „Mythos Medea" auseinander. Im Auftrag der Berliner Singakademie komponierte Georg Katzer von 2000 bis 2001 das **Oratorium** *Medea in Korinth*, für das Christa Wolf ihren Romantext umschrieb. Die Uraufführung des Stückes fand am 6. September 2002 im Konzerthaus Berlin statt.[32]

Wie aktuell und zeitnah Christa Wolf mit ihrem Roman *Medea. Stimmen* ist, zeigte eine jüngst nach ihrem Text konzipierte und komponierte **Kammeroper** (von Frank Schwemmer), die am 28. Oktober 2007 in Berlin uraufgeführt worden ist.[33]

Christa Wolf lässt in ihrem Werk den Medea-Mythos thematisch aufleben, schafft es aber darüber hinaus, ihm eine gänzlich neue Akzentuierung zu geben. Sie greift die Eheproblematik, die seit Euripides im Vordergrund gestanden hat, auf und bettet sie in den politischen und geschichtlichen Hintergrund ein. Diesen wiederum gestaltet sie derart differenziert, dass er sowohl für die Antike als auch für die Moderne aussagekräftig erscheint. Der fiktive Text soll auf der Folie eines altbekannten Stoffes die aktuellen Konflikte der zeitgenössischen Gesellschaft spiegeln. Indem die Autorin sechs Stimmen agieren lässt, die durch alle Jahrtausende hindurch diffundieren, verleiht sie dem modernen Roman eine bedeutende, da überzeitliche Dimension. Auf diese Weise gelingt Christa Wolf mit ihrem Roman *Medea. Stimmen* eine wirkliche **Interaktion zwischen Mythos und Moderne**.

Ursula Höpfner-Tabori als Medea und Martin Schneider als Jason in der Dramenfassung des Berliner Ensembles (2008)

Literaturhinweise

Verwendete Textausgabe:
WOLF, CHRISTA: *Medea. Stimmen.* Frankfurt a.M.: Suhrkamp 2008

Empfehlenswerte Primärliteratur:
EURIPIDES: *Medea.* Stuttgart: Reclam 1986

SCHWAB, GUSTAV: *Die schönsten Sagen des klassischen Altertums.* Bindlach: Gondrom 1997
(hier handelt es sich um die günstigste Ausgabe)

VINKE, HERMANN (Hrsg.): *Akteneinsicht Christa Wolf. Zerrspiegel und Dialog.* Hamburg: Luchterhand ²1993
(als eine der wenigen hat Christa Wolf hier ihre Stasi-Akte veröffentlicht, sehr zu empfehlen)

Empfehlenswerte Sekundärliteratur (kommentiert)
HILZINGER, SONJA: *Christa Wolf.* Frankfurt a. M.: Suhrkamp 2007
(Es handelt sich um die neueste Biografie. Sie reicht bis ins Jahr 2006. Wolfs Leben wird ausführlich dargestellt, der Roman *Medea. Stimmen* allerdings sehr kurz, S. 111–114)

HOCHGESCHURZ, MARIANNE: *Christa Wolfs Medea.* Voraussetzungen zu einem Text. München: dtv 2000
(Ausgezeichnete Informationen zum Thema „Medea“ und zu Wolfs Medea-Version).

KERÉNYI, KARL: *Die Mythologie der Griechen.*
Die Heroen-Geschichten. München: dtv 1979, Bd. II.
(erzählt die Mythen nach, ist allerdings nicht immer ganz einfach zu verstehen)

STEPHAN, ALEXANDER: *Christa Wolf.* 4. erw. Auflage. München: Beck 1991
(Biografie und DDR-Zeit bis 1990 gut dargestellt)

Anmerkungen

1 Zur Biografie von Christa Wolf vgl. HILZINGER, SONJA: *Christa Wolf*; STEPHAN, ALEXANDER: *Christa Wolf*
www.dhm.de/lemo/html/biografien/WolfChrista
www.fembio.org/biographie.php/frau/biographie/christa-wolf/

2 FRANKE, KONRAD (Hrsg.): *Kindlers Literaturgeschichte der Gegenwart: Die Literatur der Deutschen Demokratischen Republik.* München: Kindler 1971, S. 99 ff.; SANDER, HANS-DIETRICH: *Geschichte der Schönen Literatur in der DDR. Ein Grundriß.* Freiburg: Rombach 1972, S. 174 ff.

3 Vgl. FRANKE, S. 100.

4 Vgl. WOLF, CHRISTA: *Werkausgabe*, 13 Bde. Hrsg. und kommentiert von Sonja Hilzinger. München: Luchterhand 1999–2001, Bd. 3.

5 HILZINGER, S. 35: Mut zeigte Wolf auch, weil sie sich auf dieser Tagung, allerdings vergeblich, für den Roman *Rummelplatz* von Werner Bräunig (1934–1976) einsetzte; das Buch wurde verboten. Es erschien erstmals 2007 und erhielt im selben Jahr den Preis der Leipziger Buchmesse.

6 Zitiert nach HILZINGER, S. 81.

7 Vgl. www.dhm.de/lemo/html/dokumente/Die
Deutsche Einheit_aufrufFuerUnserLand/index.html

8 Vgl. HOCHGESCHURZ, MARIANNE: *Christa Wolfs Medea. Voraussetzungen zu einem Text.* München: dtv 2000, S. 76.

9 Vgl. ebd., S. 27, 29.

10 Vgl. ebd., S. 34, 45, 69.

11 Ebd., S. 25.

12 Vgl. ebd., S. 21, 76 f.

13 Zitiert nach HOCHGESCHURZ, S. 75.

14 WOLF, CHRISTA: *Hierzulande Andernorts.* München: dtv 2001, S. 164; auch: HOCHGESCHURZ, S. 21.

15 SCHWAB, GUSTAV: *Die schönsten Sagen des klassischen Altertums.* Frankfurt a. M.: Insel 2001, S. 71–130.

16 Vgl. hierzu besonders EHRHARDT, MARIE-LUISE: *Christa Wolfs Medea. Eine Gestalt der Zeitengrenze.* Würzburg: Königshausen & Neumann 2000, S. 19 f.

17 ZIEGLER, KONRAD (Hrsg.): *Der kleine Pauly. Lexikon der Antike*, 5 Bde. München: dtv 1979; www.sagengestalten.de/ lex/grie_roem_He.html; FUHRMANN, MANFRED: *Honecker heißt jetzt Aietes.* FAZ, 2. 3. 1996.

18 Vgl. http://kolchis.de/sprache.htm

19 *Der Brockhaus. Philosophie. Ideen, Denker und Begriffe.* Mannheim: Brockhaus 2006, S. 222–223.

20 Vgl. Brockhaus, S. 222 f.

21 www.griechische-botschaft.de/weeknews/2006/ januar/60125.htm

22 Zu den Ausführungen vgl.: *Der kleine Pauly.*, Bd. 1, Sp. 537–540; SCHMIDT, Margot: *Medeia.* In: *Lexicon Iconographicum Mythologiae Classicae.* Abgedruckt in: Hochgeschurz, a. a. O., S. 50–54.

23 FRENZEL, Elisabeth: *Stoffe der Weltliteratur.* Stuttgart: Kröner 2005, S. 591–596. Sie spricht von 200 Bearbeitungen.
ROESKE, Kurt: *Die verratene Liebe der Medea.* Würzburg: Königshausen 2007, S. 8 spricht von 300 Bearbeitungen.

24 Vgl. HOCHGESCHURZ, a. a. O., S. 21.

25 Vgl. EHRHARDT, a. a. O., S. 51.

26 *Die Bibel: Nach der Übersetzung Martin Luthers.* Stuttgart, 1978.

27 Vgl. hierzu auch das Interview mit Christa Wolf in: DIE ZEIT, 25. 10. 2007, S. 51.

28 Vgl. GIRARD, René: *Das Heilige und die Gewalt.* Aus dem Französischen von E. Mainberger-Ruh. Zürich: Benzinger 1987. Eine genaue Untersuchung dieser Thesen bei: ROSER, Birgit: *Mythenbehandlung und Kompositionstechnik in Christa Wolfs Medea. Stimmen.* Zürich u. a.: Lang 2000, S. 82–90; NORDHOFEN, Susanne: *Christa Wolfs Medea. Mythos und Tragödie im Licht der mimetischen Theorie.* In: DICKMANN, Bernhard (Hrsg.): *Das Opfer – aktuelle Kontroversen.* Thaur: LIT 2001, S. 81–97.

29 Vgl. hierzu die Thesen von GIRARD. Die Begriffe „Gründungsmord“ und „Gründungsopfer“ sowie „versöhnende Opfer“ ziehen sich durch das gesamte Buch.

30 Vgl. ebd., S. 292 f. und HILZINGER, a. a. O., S. 114. – Bis Ende 2007 wurden von der Hardcover-Ausgabe 105 000 Exemplare, als Sonderausgaben knapp 25 000 Stück und in 11 Taschenbuchauflagen etwa 160 000 Exemplare verkauft. (Angaben des Luchterhand-Verlages)

31 Vgl. dazu: ANZ, Thomas: *Es geht nicht um Christa Wolf. Der Literaturstreit im vereinten Deutschland.* Erweiterte Neuausgabe. Frankfurt a. M.: Fischer Tb. 1995.

32 www.nmz.de/nmz/nmz2002/nmz09/spezial-medea.shtml und www.nmz.de/nmz/nmz2002/ nmz09/spezial-wolf.shtml

33 Aufführung beim Festival „Medeamorphosen“ in Berlin, 2007

(Bitte blättern Sie um)

Deutsch Prüfungstraining Literatur

Prüfungstraining Literatur
Liebeslyrik .... Best.-Nr. 1045401

Prüfungstraining Literatur
Kafkas Welt .... Best.-Nr. 1045403

Prüfungstraining Literatur – Baden-Württemberg
Georg Büchner: *Dantons Tod* .... Best.-Nr. 8454003

Prüfungstraining Literatur – Baden-Württemberg
Peter Stamm: *Agnes* .... Best.-Nr. 8454001

Prüfungstraining Literatur – Hessen
Schiller: *Die Jungfrau von Orleans* .... Best.-Nr. 6454001

Prüfungstraining Literatur – Niedersachsen
Christian Kracht: *Faserland* .... Best.-Nr. 3454001

Prüfungstraining Literatur – NRW
Schiller: *Kabale und Liebe* .... Best.-Nr. 5454007

Prüfungstraining Literatur – NRW
Koeppen: *Tauben im Gras* .... Best.-Nr. 5454005

Prüfungstraining Literatur – NRW
Th. Mann: *Buddenbrooks* .... Best.-Nr. 5454001

Prüfungstraining Literatur – NRW
J. W. v. Goethe: *Iphigenie auf Tauris* .... Best.-Nr. 5454003

Spanisch

Kompakt-Wissen Abitur
Wortschatz Oberstufe .... Best.-Nr. 945401

Englisch Interpretationen

Albee:
Who's afraid of Virginia Woolf? .... Best.-Nr. 2500101
Atwood: *The Handmaid's Tale* .... Best.-Nr. 2500181
Auster: *Moon Palace* .... Best.-Nr. 2500031
Boyle: *The Tortilla Curtain* .... Best.-Nr. 2500131
Bradbury: *Fahrenheit 451* .... Best.-Nr. 2500141
20th Century English Short Stories .... Best.-Nr. 2500151
Fitzgerald: *The Great Gatsby* .... Best.-Nr. 2500191
Golding: *Lord of the Flies* .... Best.-Nr. 2500051
Hansberry: *A Raisin in the Sun* .... Best.-Nr. 2500291
Hornby: *About a Boy* .... Best.-Nr. 2500201
Huxley: *Brave New World* .... Best.-Nr. 2500281
Ishiguro: *The Remains of the Day* .... Best.-Nr. 2500171
Lee: *To Kill A Mockingbird* .... Best.-Nr. 2500231
Lessing: *The Fifth Child* .... Best.-Nr. 2500071
Priestley: *An Inspector Calls* .... Best.-Nr. 2500081
Russell: *Educating Rita* .... Best.-Nr. 2500061
Salinger: *The Catcher in the Rye* .... Best.-Nr. 2500111
Shakespeare: *Macbeth* .... Best.-Nr. 2500011
Shakespeare: *Much Ado About Nothing* Best.-Nr. 2500241
Shakespeare: *Romeo and Juliet* .... Best.-Nr. 2500041
Shaw: *Pygmalion* .... Best.-Nr. 2500121
Shepard: *True West* .... Best.-Nr. 2500211
Steinbeck: *Of Mice and Men* .... Best.-Nr. 2500261
Swarup: *Q & A – Slumdog Millionaire* .. Best.-Nr. 2500271
Williams: *A Streetcar Named Desire* .... Best.-Nr. 2500221

Englisch Training

Themenwortschatz .... Best.-Nr. 82451
Grammatikübungen .... Best.-Nr. 82452
Übersetzung .... Best.-Nr. 82454
Grundlagen, Arbeitstechniken und
Methoden mit Audio-CD .... Best.-Nr. 944601
Sprechfertigkeit mit Audio-CD .... Best.-Nr. 94467
Sprachmittlung
Deutsch – Englisch · Englisch – Deutsch Best.-Nr. 94469
Abitur-Wissen
Landeskunde Großbritannien .... Best.-Nr. 94461
Abitur-Wissen Landeskunde USA .... Best.-Nr. 94463
Abitur-Wissen
Englische Literaturgeschichte .... Best.-Nr. 94465
Klausuren Englisch Oberstufe .... Best.-Nr. 905113
Kompakt-Wissen Abitur
Themenwortschatz .... Best.-Nr. 90462
Kompakt-Wissen Abitur
Landeskunde/Literatur .... Best.-Nr. 90463

Französisch Interpretationen

Camus: *L'Etranger/Der Fremde* .... Best.-Nr. 2550041
Sartre: *Huis clos/*
Geschlossene Gesellschaft .... Best.-Nr. 2550051
Schmitt: *Oscar et la dame rose* .... Best.-Nr. 2550071

Französisch Training

Themenwortschatz .... Best.-Nr. 94503
Textarbeit Oberstufe .... Best.-Nr. 94504
Sprachmittlung · Übersetzung .... Best.-Nr. 94512
Abitur-Wissen
Französische Literaturgeschichte .... Best.-Nr. 94506
Klausuren Französisch Oberstufe
mit MP3-CD .... Best.-Nr. 105011
Kompakt-Wissen Abitur
Wortschatz Oberstufe .... Best.-Nr. 945010
Kompakt-Wissen Abitur
Kurzgrammatik .... Best.-Nr. 945011

Latein Training

Abitur-Wissen
Lateinische Literaturgeschichte .... Best.-Nr. 94602
Abitur-Wissen Römische Philosophie .... Best.-Nr. 94604
Abitur-Wissen Prüfungswissen Latinum Best.-Nr. 94608
Klausuren Latein Oberstufe .... Best.-Nr. 106011
Kompakt-Wissen Abitur
Latein Basisautoren Oberstufe .... Best.-Nr. 946010

Bestellungen bitte direkt an:

STARK Verlagsgesellschaft mbH & Co. KG · Postfach 1852 · 85318 Freising
Tel. 0180 3 179000* · Fax 0180 3 179001* · www.stark-verlag.de · info@stark-verlag.de

*9 Cent pro Min. aus dem deutschen Festnetz, Mobilfunk bis 42 Cent pro Min.
Aus dem Mobilfunknetz wählen Sie die Festnetznummer: 08167 9573-0

Lernen • Wissen • Zukunft
STARK

22-V1P